Elena Ryzhak

ANDIAMO IN ITALIA!

L'ITALIA: STORIA, ARTE, TRADIZIONI

Copyright © 2019 Elena Ryzhak
Tutti i diritti riservati

Sommario

- L'ITALIA 6
- VALLE D'AOSTA 8
- TRENTINO-ALTO ADIGE 12
- FRIULI-VENEZIA GIULIA 18
- PIEMONTE 23
- LOMBARDIA 34
- VENETO 52
- LIGURIA 64
- EMILIA-ROMAGNA 73
- TOSCANA 81
- UMBRIA 97
- MARCHE 103
- LAZIO 108
- ABRUZZO 125
- MOLISE 128
- CAMPANIA 131
- PUGLIA 143
- BASILICATA 147
- CALABRIA 150

SICILIA 155

SARDEGNA 166

CHIAVI 170

Questo libro è destinato a tutti quelli che studiano l'italiano e vorrebbero conoscere meglio l'Italia, la sua storia, le sue tradizioni, il passato e il presente. L'Italia si è formata tardi come uno Stato unificato e questo spiega la straordinaria ricchezza e diversità che presentano varie regioni e città. Sono, in sostanza, molti Paesi uniti in un affascinante insieme chiamato *Italia*.

In questo libro troverete non soltanto i testi, ma anche gli esercizi (con le risposte nella sezione *Chiavi*). Accanto ad ogni testo sono elencati i tempi e i modi verbali che in esso sono usati, per aiutare i lettori che non conoscono ancora tutti i tempi del verbo italiano.

QUANTO CONOSCI L'ITALIA?

Quando nasce lo Stato Italiano? Quale città diventa la sua prima capitale?

Perché il primo re d'Italia si chiama Vittorio Emanuele II?

Qual è il fiume più grande d'Italia?

Qual è il vulcano attivo più alto d'Europa? Dove si trova?

Qual è il monte più elevato delle Alpi? In quale Stato si trova la sua cima?

Come viene chiamato chi abita in Valle d'Aosta?

Quali città italiane vengono spesso definite la *Dotta*, la *Grassa*, la *Superba*?

Quale città è chiamata *scaligera* e perché?

Da quale parola e quale dialetto italiano viene il famoso saluto *ciao*?

Quale regione costituisce la punta dello "stivale"?

Qual è l'isola più grande del Mediterraneo?

Dopo aver letto questo libro, saprai rispondere a tutte queste domande (e anche a molte altre)!

L'ITALIA

?

1.1 Che origine ha il nome *Italia*?

1.2 Gli italiani chiamano l'Italia *il bel paese*. Chi ha usato questa espressione per primo?

1.3 Quanto è numerosa la popolazione italiana?

1.4 Quali parole mancano?

Il capo dello Stato italiano è il _____ della Repubblica, eletto dal Parlamento. Il _____ dura in carica sette anni ed è rieleggibile.
Il Parlamento è costituito dalla Camera dei deputati e dal _____ della Repubblica.
Il governo è costituito dal presidente del Consiglio e dai _____. Il _____ è nominato, dopo consultazioni con i maggiori esponenti della vita politica, dal presidente della Repubblica, il quale nomina anche, su sua proposta, i ministri. Il governo deve avere la fiducia delle due camere.

1.5 Quali parole mancano?

Il territorio della Repubblica Italiana si divide in regioni, _____ e comuni. Le regioni sono _____, di cui cinque a statuto _____. La città più importante di ogni regione viene chiamata il suo _____.

IL MARE NOSTRUM
presente, imperfetto

La storia della penisola italiana è strettamente legata al Mediterraneo, il mare che gli antichi romani chiamavano *Mare Nostrum* (in latino vuol dire "Mare Nostro").

Il termine *Mediterraneo* deriva dalla parola latina *Mediterraneus*, che significa "in mezzo alle terre". In questo mare la penisola, che ha la caratteristica forma di uno stivale, occupa una posizione centrale.

?

1.6 Il Mediterraneo è diviso geograficamente in alcuni bacini, chiamati anch'essi *mari*: così, l'Italia è bagnata da *mar Ligure*, *mar Tirreno*, *mar Adriatico* e *mar Ionio*. Trova questi mari sulla mappa. Conosci le origini dei loro nomi?

1.7 In italiano ci sono molte espressioni con l'aggettivo *mediterraneo*. Si parla di *clima mediterraneo*, *alimentazione mediterranea*, *macchia mediterranea*. Prova a spiegare il significato di queste espressioni.

1.8 L'importanza del mare nella storia e cultura di diverse parti d'Italia è testimoniata, tra l'altro, dall'attenzione verso i venti che spirano sul Mediterraneo. *Bora*, *tramontana*, *maestrale*, *scirocco*... Sono venti caldi o freddi? Quali direzioni hanno?

1.9 Quali due catene montuose si trovano sul territorio italiano? Sapresti indicarle sulla mappa? Quali sono le cime più elevate di queste catene?

1.10 Come vengono chiamati i gruppi montuosi di Veneto, Trentino-Alto Adige e Friuli Venezia Giulia? Che origine ha il loro nome? Quali particolari caratteristiche hanno questi monti?

VALLE D'AOSTA
presente, imperfetto, passato prossimo

La più piccola regione italiana è la VALLE D'AOSTA (o, nella lingua parlata, *Val d'Aosta*). Si trova tra la Francia, la Svizzera e il Piemonte. Il fiume che percorre tutta la regione è la Dora Baltea, affluente del Po. Qui si trova il Monte Bianco, il più alto monte d'Europa (circa 4807 m). Ma in questa zona ci sono anche altre vette tra le più elevate d'Italia e d'Europa: il Monte Rosa, il Cervino, il Gran Paradiso.

Il capoluogo della regione è la città di Aosta che non supera 40 mila abitanti. È la regione meno popolosa e meno densamente abitata d'Italia.

L'economia valdostana è basata sul turismo. Le maggiori località turistiche sono Courmayeur, Cogne, Gressoney, Valtournenche.

La zona è assoggettata dai romani nel 25 a.C., dopo l'arrivo di Augusto con i suoi legionari che vi fondano la colonia *Augusta Praetoria* (l'attuale città di Aosta). La città conserva i monumenti dell'epoca antica: le mura, quasi intatte, con torri a due piani, l'arco di Augusto, la porta Pretoria e un anfiteatro. Nei secoli medi, entra a far parte dei possedimenti della casa dei Savoia, pur conservando la propria autonomia.

Per la sua posizione geografica, ma anche per la sua storia e cultura, la Valle d'Aosta è sempre stata "intermedia" fra la Francia, l'Italia e la Svizzera. Per contrastare i movimenti separatisti che reclamano l'annessione alla Francia, nel 1948 la Valle d'Aosta diventa regione a statuto speciale: qui la lingua francese è equiparata a quella italiana. Il francese per più di mille anni è stato la lingua di cultura dei valdostani e qui lo conoscono bene tutti. Ma attualmente è ormai soppiantato dall'italiano. La lingua effettivamente parlata dai valdostani di origine è un idioma del gruppo franco-provenzale. Il francese, però, è l'emblema dell'autonomia della valle e un utilissimo strumento per una regione turistica. Per questo le scritte e l'insegnamento qui sono bilingui. La Valle d'Aosta ospita al suo interno anche una minoranza linguistica, i walser, che parla dialetti tedeschi.

Considerando il reddito pro capite, la Valle d'Aosta è la regione più ricca d'Italia. Prima dell'inizio del XX secolo, però, queste terre erano molto povere. Il fenomeno è dovuto allo sviluppo prima dell'industria, dopo del turismo, ma soprattutto ai benefici derivanti dall'autonomia. Un fattore importante è rappresentato anche dalla scarsità della popolazione.

?

2.1   Come viene chiamato un abitante della Valle d'Aosta? E quello di Aosta?

IL MONTE BIANCO
presente, passato prossimo

Il Monte Bianco è la cima più elevata delle Alpi (circa 4807 metri). Questa cima può essere considerata la più alta d'Europa (se si esclude la catena del Caucaso la cui vetta maggiore è l'Elbrus con 5642 metri).

Il Monte Bianco si trova tra la Valle d'Aosta, la Francia e la Svizzera. Ma la sua vetta è interamente in Francia. Sul versante italiano, ai piedi del Monte Bianco, è situato il piccolo paese di Courmayeur, uno dei principali centri europei d'alpinismo. Un sistema di funivie e il tunnel collegano Courmayeur a Chamonix sul versante francese.

La prima ascensione sul Monte Bianco è stata compiuta l'8 agosto 1786. Questa data può essere chiamata il giorno di nascita dell'alpinismo. Oggi la scalata del Monte Bianco viene considerata un'ascensione non difficile. In certe giornate sulla sua cima si trovano centinaia di alpinisti.

?

2.2   I latini chiamavano le Alpi *Alpes*, da un tema mediterraneo che significa "pietra". Oltre a designare il principale sistema montuoso d'Europa, la parola *alpe* può avere altri significati: "montagna, sistema montuoso in generale" o anche "vasto pascolo di montagna". In italiano ci sono molte parole che hanno la stessa radice del nome *alpe*. Conosci il loro significato? Prova a spiegarlo con una frase o a trovarne dei sinonimi.

Aggettivi: alpino, alpinistico, alpestre
Nomi e verbi: alpinismo, alpeggio, alpeggiare

GLI ALPINI: PENNE NERE IERI E OGGI
presente

Il Corpo degli Alpini, un corpo di fanteria dell'esercito italiano, viene istituito nel 1872 per preparare truppe destinate alla difesa dei confini montani. Gli Alpini sono famosi per la loro disponibilità verso la popolazione: partecipano attivamente alle attività di volontariato.

In passato per poter diventare un alpino era necessario essere cresciuto in montagna. In Italia di oggi l'obbligo di leva è sospeso, sostituito da un esercito di professionisti. La maggior parte dei volontari arriva dal sud, spesso da regioni dove le montagne non ci sono. Ma rimane l'addestramento in montagna e legami con le tradizioni del passato.

Attualmente le truppe alpine constano di circa 10 mila uomini. Ad Aosta si trova il centro addestramento alpino che è una specie di università dell'alpinismo militare internazionale.

LA CUCINA VALDOSTANA
presente, imperfetto

La fontina è il formaggio prodotto esclusivamente in Val d'Aosta, con latte di mucche di razza valdostana. La sua denominazione deriva dall'alpeggio di Font. È una ricetta che si tramanda da secoli. Nei castelli valdostani ci sono affreschi in cui tra dame, cavalieri e guerrieri si può vedere un banco di vendita del formaggio nel quale si riconoscono le tipiche forme della fontina.

Tra gli altri prodotti tipici della regione vi sono il lardo, spesso servito come antipasto (con noci o miele), i funghi, l'olio di noci (un condimento ricercato e gustoso) e la grappa.

La cucina valdostana è ricca di alimenti di lunga conservazione, visto che per molti mesi dell'anno queste terre erano isolate tra freddo, ghiaccio e neve. Per conservare il cibo si usavano soprattutto le spezie, perché il sale costituiva da sempre un problema.

Il caffè alla valdostana è una bevanda composta da caffè, grappa, vino rosso (o cognac all'arancia), buccia di limone, spezie. Viene servito nella grolla, detta anche coppa dell'amicizia, uno speciale recipiente di legno munito di beccucci dai quali i valdostani bevono tutti insieme.

?

2.3 Tutte queste parole si usano per definire le realtà tipiche della vita di montagna. Le conosci? Prova a descriverne il significato.

bàita, malga, maso, mulattiera, ferrata, piccozza, rampone, slavina, grolla, gerla

TRENTINO-ALTO ADIGE

TRENTINO-ALTO ADIGE
presente, imperfetto

La regione più settentrionale d'Italia è il TRENTINO-ALTO ADIGE. Confina a nord con l'Austria, a ovest con la Svizzera e la Lombardia, a sud e a est col Veneto. Il capoluogo della regione è la città di Trento. Qui si trova il monte Vetta d'Italia, il punto più settentrionale del paese.

Il nome della regione è legato al fiume Adige che la percorre. L'Adige è il secondo fiume d'Italia (410 km).

La regione è interamente montuosa. È territorio di transito e di interscambio, che nella seconda metà del XX secolo diventa anche una zona di grande attrazione turistica.

È scarsamente popolato: la popolazione non supera il milione di abitanti. Il fenomeno in parte è legato storicamente alla tradizione del *maso chiuso*: azienda a carattere agricolo e pastorale, che si deve trasmettere intera, di solito al figlio maggiore.

Il Trentino-Alto Adige passa dall'Austria all'Italia alla fine della Prima guerra mondiale (1919). È diviso in due province. La parte settentrionale (provincia di Bolzano) è denominata l'Alto Adige; la parte meridionale, il Trentino, prende il nome dal capoluogo Trento. Queste due province rispecchiano la composizione etnico-linguistica della popolazione: in Trentino si parla prevalentemente in italiano, mentre in Alto Adige la lingua più diffusa è il tedesco. L'Alto Adige in passato era un unicum con la sua parte settentrionale che oggi costituisce il Land austriaco Tirol. Per questo viene chiamato anche Südtirol (Tirolo meridionale).

Il Trentino-Alto Adige è una delle cinque regioni italiane a statuto speciale, con ampia autonomia per le due province. In Alto Adige l'uso del tedesco è equiparato a quello dell'italiano nelle pubbliche istituzioni e negli atti amministrativi. Oltre al tedesco e all'italiano, in alcune zone si è conservato un idioma neolatino, il ladino, parlato dal 4,2% della popolazione.

L'Alto Adige e il Trentino sono uniche due province italiane che godono di uno statuto di autonomia e vengono trattate alla stregua di regioni. L'Alto Adige dispone del 90% delle tasse pagate in provincia. Questa norma, insieme all'innata laboriosità della gente, costituisce la base dello sviluppo dell'Alto Adige e rende questa terra una delle più benestanti dello Stato e dell'Europa.

UNA DELLE REGIONI PIÙ VISITATE D'ITALIA
presente, imperfetto, passato prossimo

Prima dello sviluppo, nel Novecento, di una moderna economia, il Trentino era caratterizzato da condizioni di povertà comuni a tutte le regioni alpine. Nell'Alto Adige, invece, la presenza dell'istituto del *maso chiuso*, cioè l'indivisibilità della proprietà terriera che passa in successione al solo primogenito, ha consentito il mantenimento di grosse aziende agricole. Ancora oggi, l'agricoltura montana sudtirolese è la più prospera d'Italia.

Il Trentino-Alto Adige è famoso per i suoi vini e la frutticoltura (specialmente per la mela). I prodotti tipici tirolesi sono: formaggi, speck, wurstel (salsiccia) e strudel (torta farcita di frutta, soprattutto mela). La valorizzazione dei cibi e delle tradizioni locali è strettamente legata allo sviluppo del turismo, sia estivo che invernale, che ha un ruolo primario nell'economia regionale. Quasi la metà degli impianti italiani di sci invernale si trova in questa regione.

3.1 Come viene chiamato un abitante dell'Alto Adige? E quello del Trentino? E quelli di Trento e di Bolzano?

Trento, Castello del Buonconsiglio

TRENTO
presente, passato remoto, imperfetto

La città di Trento, situata sul fiume Adige, conta poco più di 100 mila abitanti. Il nome viene dal latino *Tridentum*, assegnato dai romani per via dei tre colli che circondano la città. Sul vecchio municipio si legge ancora l'iscrizione latina *Montes argentum mihi dant nomenque Tridentum* (i monti mi danno l'argento e il nome di Trento). Infatti nel Medioevo i colli attorno alla città furono centri di estrazione d'argento.

La città, importante base militare al tempo di Augusto, fu principato vescovile dal 1027 al 1801; dal 1815 al 1918 appartenne agli austriaci. Trento fa parte dello Stato Italiano dal 1919.

Il simbolo della città di Trento è il Castello del Buonconsiglio, residenza dei principi vescovi, la cui costruzione fu iniziata nel XII secolo con funzioni difensive. Famosi sono gli affreschi con le rappresentazioni dei mesi, opera di Maestro Venceslao, variamente identificato come pittore boemo, veronese o austriaco.

La storia conosce il nome di questa città in primo luogo per il legame con il Concilio di Trento, che si svolgeva qui con interruzioni dal 1545 al 1563. Fu convocato per elaborare una linea d'azione nei confronti del calvinismo e luteranesimo. La conciliazione con i protestanti, che dapprima si pensava di poter ottenere, non fu raggiunta: al contrario, il Concilio diede l'inizio alla Controriforma, ribadendo la dottrina cattolica sui punti controversi.

Gli affreschi del Castello del Buonconsiglio.
La prima rappresentazione dei divertimenti
invernali nell'arte europea.

BOLZANO
presente, condizionale presente

Ci sono alcune principali ipotesi sulla derivazione del nome *Bolzano* (in tedesco *Bozen*). La più diffusa è quella che indica il territorio di Bolzano come un antico possedimento di un certo Baudius, per cui il primo nome della città sarebbe *(fundus) Baudianus* (possesso di Baudius).

Bolzano cresce nel Medioevo. Dal feudo dei vescovi di Trento la zona passa sotto il controllo dei conti del Tirolo che danno poi il nome all'intera regione. All'estinzione della dinastia dei conti del Tirolo sulla zona si estende il dominio austriaco; rimane sotto gli Asburgo quasi ininterrottamente fino al 1918. Oggi la città conta circa 97 mila abitanti.

IL LADINO
presente, imperfetto, condizionale presente

In Alto Adige il ladino è parlato in una zona chiamata *Ladinia*, costituita da cinque vallate. Ogni vallata possiede la propria variante ladina. Oltre che nell'Alto Adige, il ladino è parlato nella Svizzera sud-orientale e nel Friuli, in tutto da circa 700 mila – 900 mila persone. *Ladino* vuol dire latino: così si definivano le popolazioni che parlavano questo idioma per contrapporsi ai vicini di lingua tedesca e a quelli di lingua slava.

Secondo molti linguisti, il ladino non è una lingua, ma un gruppo dialettale neolatino, intermedio tra il tipo italiano e quello francese. Questa definizione è legata al fatto che il ladino non è unitario, ma è diviso in tre tronconi: il centrale (trentino, fortemente italianizzato), romancio (parlato nel Canton Grigioni in Svizzera, con influenze tedesche) e friulano, con influenze slave.

Altri linguisti, però, sottolineano che il ladino possiede una grammatica propria e potrebbe essere definito come una lingua. Una lingua si distingue da un dialetto in primo luogo per il prestigio e il riconoscimento che possiede: il ladino (romancio) è la quarta lingua nazionale della Svizzera dal 1938; in Italia è ufficialmente riconosciuto in provincia di Bolzano e viene insegnato nelle scuole delle località ladine accanto al tedesco e all'italiano. In ladino vengono scritti i documenti ufficiali. Da questo punto di vista può essere considerato una lingua a pieno titolo.

ÖTZI: UN ITALIANO DI 5 MILA ANNI FA
presente, passato remoto, passato prossimo, imperfetto

Nel museo archeologico dell'Alto Adige è esposto al pubblico il corpo di Ötzi. Così chiamano un uomo che visse oltre 5000 anni fa e i cui resti furono trovati nel 1991 su un ghiacciaio. Fu congelato in montagna e il suo corpo mummificato rimase praticamente intatto. Insieme alla mummia furono trovati gli oggetti dell'equipaggiamento e gli indumenti; gli scienziati hanno potuto studiarli e fare delle scoperte importanti riguardo agli usi dell'uomo dell'età di rame. L'abbigliamento dell'uomo consisteva di un berretto, una sopravveste di pelliccia, una mantella d'erba, calzoni, una cintura, un perizoma e un paio di scarpe. Per produrre questi vestiti non furono usati materiali tessili, ma pellami conciati e fibre vegetali. I fili da cucito furono ricavati da tendini di animali ed erba. Conservato in una cella frigorifera, il corpo si osserva da una finestrella.

?

3.2 *Passo, sella, bocca, forca, portella, gola...* Tutte queste parole hanno più o meno lo stesso significato. Quale? Prova a sostituirle con una sola parola italiana.

REINHOLD MESSNER: STORIA DI UN UOMO DI MONTAGNA
presente, passato prossimo

Reinhold Messner, alpinista e scrittore, è nato in provincia di Bolzano nel 1944. Ha iniziato la sua attività di scalatore a soli cinque anni insieme al padre. Da allora la sua vita è indissolubilmente legata alla montagna: ha scalato, primo nel mondo, tutte le quattordici cime sopra gli 8000 metri presenti sul globo. Ha aperto itinerari nuovi (alcuni non ancora ripetuti), ha fatto molte scalate solitarie, limitando al minimo indispensabile l'uso di mezzi artificiali.

La prima scalata su una delle cime più alte del mondo, Nanga Parbat, vetta dell'Himalaya occidentale, ha costato caro a Messner. Dopo la salita, sulla strada di ritorno, perde il fratello, alpinista come lui. Ma Messner non si arrende, non dice "addio" alle montagne. Riparte.

Tra le scalate che l'hanno reso famoso nel mondo vi è quella dell'Everest in stile alpino, senza l'ausilio dell'ossigeno. Dopo il successo ottenuto, tenta un'altra prova, ancora più dura: la scalata solitaria dell'Everest.

Con un compagno Messner compie una traversata del continente antartico passando per il polo Sud senza usare motori o cani ma solo con la forza muscolare o con la spinta del vento. Analogamente nel 1993 attraversa con gli sci la Groenlandia. All'età di 60 anni percorre da solo a piedi il deserto di Gobi.

Messner ha il carattere di un montanaro: tenace e coraggioso. Perché è quello che la vita tra le vette ha richiesto dalla gente nei secoli.

FRIULI-VENEZIA GIULIA

FRIULI-VENEZIA GIULIA
presente

Il FRIULI-VENEZIA GIULIA confina con l'Austria, la Slovenia, il Veneto. A sud la regione è bagnata dall'Adriatico. Il capoluogo del Friuli-Venezia Giulia (spesso abbreviato in Friuli) è Trieste. Il territorio è composto da una zona alpina, montuosa, e quella prealpina, in parte collinosa, in parte pianeggiante.

Le province friulane di Udine e Pordenone e quelle giuliane di Trieste e Gorizia sono molto diverse per tradizioni storiche. In passato il Friuli è una zona agricola, mentre Trieste è un importante polo commerciale, uno dei porti più attivi del Mediterraneo. Il Friuli è annesso all'Italia nel 1866; Trieste e una parte del territorio giuliano restano all'Austria fino al 1918. Nel 1947 è istituito lo Stato libero di Trieste che cessa di esistere nel 1954 in seguito ad un accordo tra l'Italia e la Iugoslavia. Il territorio è diviso tra questi due Stati.

Terra di confine, è da sempre crocevia di popoli, culture e commerci. Anche questa regione, dunque, gode di uno statuto speciale: la popolazione comprende minoranze slovene e quelle di lingua tedesca. Così il Friuli-Venezia Giulia è l'unica delle regioni italiane che vanta la presenza di tutti i tre grandi ceppi linguistici indoeuropei: qui si parla italiano (una lingua romanza), sloveno (un idioma slavo), tedesco (appartiene alle lingue germaniche). Non solo: qui si può sentire anche il friulano, una lingua neolatina. Il friulano è una lingua di uso, fino ai tempi recenti, prevalentemente orale, ma con una propria autonomia e identità sin dal Medioevo.

TRIESTE
presente, passato prossimo

Trieste, che si affaccia sull'omonimo golfo, conta poco più di 200 mila abitanti. È un importante porto. La città non è distante dal confine con la Slovenia. È una città multietnica, ricca di diverse tradizioni culturali.

Nel II secolo a.C. Trieste diventa colonia romana con il nome di *Tergeste*. Dopo il crollo dell'Impero Romano, come tutte le città della penisola, vive un periodo tormentato, finché, nel XII secolo, diventa un libero comune. Deve però fronteggiare la rivale Venezia e, dopo secoli di resistenza, nel 1382 si pone sotto la protezione del duca d'Austria. Segue il periodo di sviluppo e di fioritura della città. Trieste, infatti, come il porto dell'Impero Austriaco, ha una grande importanza commerciale e strategica. I legami con l'Italia però non si interrompono mai: anche se la lingua ufficiale della burocrazia è il tedesco, l'italiano (o, più precisamente, il dialetto triestino) rimane sempre la lingua più parlata dagli abitanti.

Trieste è uno dei centri di irredentismo, movimento che punta all'annessione all'Italia delle terre abitate da popolazioni di cultura italiana. Nel 1918, dopo la fine della Prima guerra mondiale, Trieste e la sua provincia vengono annesse all'Italia con grande gioia della popolazione. Trieste però smette di essere una città di grande importanza e diventa una delle molte medie città italiane.

La Seconda guerra mondiale sconvolge la situazione nella regione. Nel 1947 è istituito lo Stato libero di Trieste, diviso in due zone di occupazione militare (una amministrata dagli anglo-americani e un'altra controllata dalla Iugoslavia). Nel 1954 il territorio di questo Stato viene diviso tra l'Italia e la Iugoslavia.

Il regista Giuseppe Tornatore dice di questa città: "Le albe e i tramonti di Trieste non li ho visti da nessun'altra parte, l'architettura è straordinaria. È una città che non è del tutto Italia, ma neanche del tutto "non Italia". La meno italiana delle città italiane e la più italiana delle città non italiane."

Trieste vanta una grande tradizione letteraria e, per ricordarlo, le statue degli scrittori, ad altezza d'uomo, spuntano a sorpresa in alcuni luoghi, tanto che è facile scambiarle per i passanti.

La città di oggi ha una vocazione scientifica: si parla di un "Sistema Trieste", un polo scientifico d'avanguardia. A Trieste il rapporto ricercatori/cittadini è il più alto esistente in Italia. I settori di punta sono la ricerca marina, l'astronomia, la biotecnologia.

Italo Svevo

?

4.1 Come viene chiamato un abitante del Friuli? E quello della Venezia Giulia? E quello di Trieste?

4.2 In provincia di Udine si trova una città dell'Impero Romano, ancora in gran parte sepolta sotto i campi coltivati: è una vasta riserva archeologica. Di quale città si tratta?

ITALO SVEVO
presente, imperfetto

Il nome che Italo Svevo sceglie come suo pseudonimo parla della composizione etnica della sua terra. Accompagna il nome Italo con il cognome Svevo (i tedeschi venivano chiamati *svevi*).

Il vero nome dello scrittore, nato nel 1861, è Ettore Schmitz. Suo padre è tedesco, la madre è italiana di origine ebrea. Ettore comincia a lavorare, giovanissimo, in una banca.

I primi romanzi (*Una vita*, 1892 e *Senilità*, 1898) passano inosservati dalla critica. Questi libri rappresentano l'analisi interiore del protagonista, che senza successo cerca di sfidare la propria situazione e realtà.

L'indifferenza della critica porta Svevo a quasi vent'anni di silenzio letterario. Il successo arriva grazie all'aiuto di James Joyce. Svevo conosce lo scrittore irlandese negli anni in cui quest'ultimo vive a Trieste, lavorando come insegnante d'inglese. Joyce legge con entusiasmo *Senilità* e incoraggia Svevo a scrivere un nuovo romanzo.

Negli anni della Prima guerra mondiale lo scrittore triestino comincia a elaborare *La coscienza di Zeno* (1923). Manda il romanzo a Joyce chiedendogli di esprimere la sua opinione sul libro. Joyce apprezza molto il lavoro di Svevo e cerca di segnalare il romanzo all'attenzione dei critici. I primi successi arrivano dalla critica francese, improvvisi. Svevo ormai non è giovane. È proclamato uno dei più grandi scrittori italiani.

La coscienza di Zeno è un romanzo influenzato dalle teorie della psicoanalisi, allora di moda. Il protagonista (Zeno) cerca di capire se stesso.

Svevo scrive anche novelle e commedie, ma *La coscienza di Zeno* rimane il suo romanzo più apprezzato. Lo scrittore non può godere del successo a lungo: nel 1928 muore in seguito ad un incidente automobilistico.

UMBERTO SABA
presente, imperfetto, passato remoto, trapassato prossimo, congiuntivo imperfetto

Il vero nome di Umberto Saba (1883 – 1957), poeta e scrittore, è Umberto Poli. Il suo pseudonimo è legato alla storia delle origini del poeta (sua madre era ebrea): *saba* in ebraico significa "pane". Il suo libro di poesie più famoso è il *Canzoniere* (1921).

Saba e Svevo vivevano nella stessa città e si conoscevano. Riportiamo un brano, in cui Saba ricorda Svevo con affetto e con un po' di ironia:

"Era un caro uomo il vecchio Schmitz! Dopo le lodi, specialmente stampate, ai suoi romanzi, nulla gli piaceva tanto come raccontare agli amici i ricordi della sua lunga vita commerciale. Ne udii più di uno nella bottega di via San Nicolò, dove egli veniva a trovarmi quasi tutte le sere; dove persone illustri nelle lettere o (allora) socialmente potenti non disdegnavano la mia conversazione (se mai, accadeva il contrario), e dove oggi cerco di entrare il meno possibile. ... L'autore di *Senilità* e della *Coscienza di Zeno* appariva, ed era, pieno di umanità, di (relativa) comprensione degli altri, e, dopo il suo inaspettato successo letterario, di una commovente gioia di vivere. In realtà, aveva una tremenda paura di morire. Scherzo o presentimento che fosse, non dimenticava mai, ogni volta che saliva in un tassametro, di rivolgere all'autista una strana raccomandazione: "La vadi pian" gli diceva in dialetto triestino "lei non la sa chi che la porta." (Alludeva, naturalmente, a se stesso, qualunque fosse la persona che lo accompagnava.) Morì proprio (caso strano) per un incidente d'automobile. Non si era fatto gran male, ma il suo cuore era debole (egli attribuiva questa debolezza all'abuso del fumo) e non resistette al trauma. Ma Italo Svevo fu sempre un uomo fortunato. Appena capì che era giunta la fine e che "l'ultima sigaretta" era stata davvero fumata, gli passò di colpo la paura. "Morire" diceva ai famigliari "non è che questo? Ma è facile, è molto facile. È più facile" aggiungeva, sforzandosi di sorridere, "che scrivere un romanzo."

Ho sempre pensato (e queste parole pronunciate da quell'uomo in quel momento me lo confermano) che l'umorismo è la forma suprema della bontà."

(Umberto Saba, *Tre ricordi del mondo meraviglioso*, 1946-47)

?

4.3 Alla quale "l'ultima sigaretta" allude Saba quando parla degli ultimi giorni di Svevo?

PIEMONTE
presente, passato prossimo

Il PIEMONTE si trova tra la Lombardia, l'Emilia-Romagna, la Valle d'Aosta, la Liguria, la Svizzera e la Francia. Il territorio è prevalentemente montuoso e collinare. I monti circondano il Piemonte da tre lati e solo verso est la pianura padana consente facili rapporti con la Lombardia. Anche il nome della regione significa "ai piedi dei monti" e viene dal termine *Pedemontium*, il cui uso è attestato dal XII secolo. Il Piemonte è attraversato dal Po e da suoi affluenti. Il Po è il maggior fiume italiano per lunghezza (652 km).

È la seconda regione italiana per l'estensione, dopo la Sicilia, ma solo la sesta per numero di abitanti. La densità della popolazione è leggermente inferiore a quella nazionale. Il capoluogo del Piemonte è la città di Torino. Altre città importanti sono Alessandria, Asti, Cuneo, Novara.

Malgrado la barriera costituita dalle Alpi, il Piemonte ha sempre avuto stretti rapporti con la Francia e la cultura francese ha profondamente influenzato quella della regione.

Nella seconda metà dell'Ottocento il Regno di Piemonte e Sardegna, governato dalla dinastia dei Savoia, diventa il centro dell'unificazione italiana.

Oggi il Piemonte ha perso il suo ruolo di uno dei maggiori centri industriali, avuto negli anni '50 – '60, ma qui hanno sede alcune delle aziende più importanti d'Italia: FIAT (il gigante dell'automobile), Olivetti (una delle maggiori industrie italiane nel campo dell'informatica), aziende grafiche e case editrici come UTET ed Einaudi. Una delle più importanti fabbriche del design italiano Alessi SpA produce elettrodomestici e articoli per la tavola e la cucina.

QUI NASCE L'ITALIA
presente, imperfetto, passato prossimo, passato remoto

Fino alla metà dell'Ottocento l'Italia era divisa in molti stati. Dopo il congresso di Vienna del 1815 la Lombardia e il Veneto facevano parte dell'Impero Asburgico, i territori dell'Italia centrale continuavano ad appartenere allo Stato della Chiesa, al sud regnava la dinastia dei Borboni. Il regno di Piemonte e Sardegna era governato dalla dinastia dei Savoia che a partire dal XII secolo estendeva sempre di più il suo dominio sulla regione.

Il processo dell'unificazione della penisola è stato chiamato Risorgimento, quasi per evocare l'epoca di Rinascimento, un altro momento di affermazione dell'identità italiana. Questo processo fu capeggiato da Camillo Benso conte di Cavour*, un uomo politico di grande abilità strategica e diplomatica, che in vari anni ebbe incarico di ministro e presidente del Consiglio dei ministri. L'unità d'Italia fu raggiunta grazie agli sforzi diplomatici di Cavour, ma anche tramite azioni militari in seguito alle tre guerre d'indipendenza (1848-49; 1859; 1866).

Il Regno d'Italia fu proclamato il 17 marzo 1861, ma l'unificazione venne completata solo nel 1870 con la conquista di Roma. Cavour riuscì ad unire il paese e salvaguardare il suo principio monarchico, anche se seppe utilizzare nei suoi interessi le spinte dei gruppi democratici (il promotore delle idee repubblicane in Italia fu Giuseppe Mazzini). I territori italiani furono annessi al Piemonte e il primo re d'Italia si chiamava Vittorio Emanuele II.

*Il nome di Cavour si legge secondo le regole della lingua francese: kavur.

GARIBALDI
presente

In ogni città italiana c'è una via o una piazza dedicata a Giuseppe Garibaldi. Questo nome è un simbolo del Risorgimento. Garibaldi ha un ruolo importantissimo nell'unità italiana.

Nasce a Nizza nel 1807; nel 1833 comincia a far parte della *Giovine Italia*, un'organizzazione costituita da Giuseppe Mazzini che vede come il suo scopo l'unita d'Italia su basi repubblicane. Dopo una fallita insurrezione Garibaldi è costretto a fuggire in Sud America dove combatte con gli indipendentisti di Rio Grande e dell'Uruguay. Nel 1848 torna in Italia combattendo nella prima guerra d'indipendenza. Nel 1849 cerca di difendere la Repubblica romana. Dopo la sua caduta sfugge all'accerchiamento, ripara a San Marino e tenta di raggiungere Venezia per mare. Nella fuga muore sua moglie, Anita, di origini brasiliane.

Durante la seconda guerra d'indipendenza Cavour nomina Garibaldi generale dell'esercito piemontese. I suoi rapporti con la monarchia sabauda non sono facili: nel 1859 la sua città d'origine, Nizza, viene ceduta alla Francia, l'alleata del Piemonte. Garibaldi abbandona l'esercito sardo.

La monarchia sabauda inizialmente ha intenzione di unire solo il nord d'Italia, in quanto l'annessione dello Stato pontificio e del sud sembra un'impresa troppo ardua. Garibaldi non è d'accordo. Nel maggio 1860 organizza la spedizione dei Mille, chiamata così perché, come si dice, sono poco più di mille gli uomini che partono con lui da Genova. La spedizione dei Mille riesce a liberare la Sicilia e, con appoggio di moti popolari antiborbonici in molte città, in settembre del 1860 Garibaldi giunge trionfalmente a Napoli. È contrario all'annessione immediata di questi territori al Piemonte, ma sotto le pressioni di Cavour organizza un plebiscito. Il risultato è favorevole all'annessione.

Garibaldi passa l'ultimo periodo della sua vita sull'isola di Caprera dove muore nel 1882.

5.1 Come viene chiamato un abitante del Piemonte? E quello di Torino?

5.2 Alcune delle frasi, pronunciate dai protagonisti del Risorgimento e diventate proverbiali, sono elencate in seguito. A chi appartengono? In quali situazioni possono essere citate oggi?

Non siamo insensibili al grido di dolore.

Obbedisco.

Qui si fa l'Italia o si muore.

Roma o morte!

S'è fatta l'Italia, ma non si fanno gli Italiani.

I SAVOIA. DALLA MONARCHIA ALLA REPUBBLICA
presente, passato prossimo

La storia della casata di Savoia è antica. A partire dal XII secolo, quando i Savoia hanno il titolo dei conti, le terre che possiedono comprendendo vasti territori in Piemonte, Liguria e si estendono in Svizzera. Nel 1416 i Savoia ricevono il titolo ducale. Nel Cinquecento la capitale dei loro possedimenti diventa Torino. Dal 1720 i Savoia ottengono anche la corona di Sardegna.

Con Vittorio Emanuele II i Savoia diventano la casa regnante dell'Italia unificata (1861). Durante il regno di suo nipote Vittorio Emanuele III, la nomina di Benito Mussolini alla presidenza del Consiglio dei ministri, firmata dal re, e il suo muto consenso con la politica della dittatura e con le azioni militari intraprese da Mussolini gettano ombra sulla monarchia italiana. Il 9 maggio del 1946 Vittorio Emanuele III scrive l'atto di rinuncia dal trono. Dopo l'abdicazione del monarca, suo figlio Umberto II, erede al trono, assume il potere (anche se non c'è alcuna incoronazione), ma il suo regno dura per pochi giorni, procurandogli il nome ironico di "re di maggio".

Nel giugno del 1946 il referendum nazionale decide la sorte del paese. Gli italiani condannano la monarchia. L'Italia diventa una repubblica. Re Umberto, insieme alla moglie Maria Josè e i loro figli, sono costretti a lasciare il paese. Al re e ai suoi discendenti maschi è negato non solo il rimpatrio, ma pure un breve viaggio in Italia. Un apposito articolo è incluso nella Costituzione Italiana.

Nel 1987 il Consiglio dei ministri accoglie la richiesta di Maria José di fare rientro in Italia. Nel 2002, dopo lunghi dibattiti, il Parlamento italiano permette il rientro dei Savoia. In Italia arrivano Vittorio Emanuele, figlio di Umberto II, nato nel 1937, e suo figlio Emanuele Filiberto, nato nel 1972.

Sia prima che dopo il rientro in Italia, i Savoia sono stati al centro dell'attenzione dei mass media e della cronaca mondana. L'attenzione è stata alimentata da eventi che li hanno visti protagonisti: il matrimonio e nascita della figlia di Emanuele Filiberto e scandali attorno all'attività commerciale di Vittorio Emanuele, che per alcuni giorni si è trovato in cella ed è stato indagato per la corruzione.

CHE NE PENSI?

Quali sono i meriti della dinastia Savoia nella storia d'Italia? E quali sono le responsabilità che gravano su di essa?

Pensi che la famiglia reale abbia avuto possibilità di fermare Mussolini, dittatura e la guerra? Cosa potevano fare per questo? Perché, secondo te, non l'hanno fatto?

Perché il rimpatrio dei discendenti maschi di Umberto II in Italia è stato rigorosamente proibito? Quale pericolo avrebbero potuto rappresentare per lo Stato Italiano? Pensi che il loro rientro in Italia possa avere le conseguenze negative? Approvi la decisione del Parlamento che ha acconsentito il rimpatrio di Vittorio Emanuele di Savoia e di suo figlio?

Re Umberto II, entrato nella storia come "re di maggio", alcuni giorni prima del referendum avrebbe detto ad uno dei suoi fedeli: "La monarchia non è mai un partito. Non può essere tollerata, semplicemente. Deve essere un simbolo caro o non è nulla". Sei d'accordo con queste parole?

Secondo te, le monarchie hanno ancora una funzione?

?

5.3 Quale aggettivo si usa per definire qualcosa relativo alla dinastia dei Savoia?

5.4 L'inno della Repubblica Italiana s'intitola *Fratelli d'Italia*. Da chi e quando è composto?

5.5 Conosci la storia del tricolore, la bandiera italiana? Completa il testo con le parole mancanti.

Il primo tricolore italiano nasce nel 1797 a Reggio Emilia, come bandiera della Repubblica Cispadana, sorta per volontà di _____. Si ispira alla bandiera _____ introdotta con la rivoluzione del 1789. Molti patrioti vedono in Napoleone il fautore dell'unificazione italiana. Dopo il Congresso di _____, e la Restaurazione, il tricolore rimane simbolo di libertà e viene utilizzato nei moti rivoluzionari del 1831 e del 1848. Più tardi, questa bandiera, con lo stemma dei Savoia al centro, diverrà la bandiera del _____ d'Italia.

TORINO
presente, imperfetto, passato prossimo

Torino è la quarta città italiana per il numero degli abitanti: ne conta circa 900 mila. È un importantissimo centro industriale. Il Po attraversa la città dividendo la parte collinare da quella in pianura.

Colonia romana dal I secolo a.C., Torino conserva ancora nel centro la struttura di accampamento romano, con assi orizzontali intersecati ad angolo retto da vie perpendicolari. Nel XII e XIII secolo è un libero comune per poi entrare definitivamente sotto l'egemonia sabauda.

È capitale del Regno d'Italia dal 1861 al 1865, titolo che appartiene poi per un breve periodo a Firenze e, infine, a Roma.

Oggi la città sfoggia le sue ampie piazze e splendidi palazzi, forse un po' nostalgica del suo passato di capitale. Ma nel 2006, durante le Olimpiadi di Torino, gli occhi di tutto il mondo erano rivolti al capoluogo piemontese. Torino ha vissuto un altro momento di gloria.

LA CITTÀ DELL'AUTOMOBILE
presente, passato prossimo

Torino è la città dell'automobile. Tra gli anni '50 e '70 del Novecento il settore automobilistico è l'attività predominante nella regione, basato, però, sull'unica grande impresa: la FIAT (Fabbrica Italiana Automobili Torino). Questa fabbrica, costituita nel 1899 da Giovanni Agnelli, diventa uno dei gruppi industriali più potenti in Italia. Negli anni '50 e '60 il successo della FIAT è legato all'espansione delle utilitarie, automobili di contenuto prezzo e basso consumo di benzina.

Nel 1993 la FIAT è il sesto produttore delle automobili del mondo. Oggi l'azienda vede un momento di crisi e ha dovuto chiudere alcuni dei suoi stabilimenti produttivi.

LA MOLE ANTONELLIANA
presente

Il simbolo di Torino è la Mole Antonelliana. La parola *mole* significa "una costruzione grandiosa" e il nome si adatta perfettamente a questa torre, nata come la più alta struttura in muratura del mondo (168 m di altezza). È commissionata nel 1863 all'architetto Alessandro Antonelli dalla comunità ebraica di Torino che vuole costruire una sinagoga. Il progetto prevede un edificio alto 47 metri; ma in corso d'opera l'architetto apporta numerose modifiche, tra cui l'inserimento della grande volta sormontata dalla guglia. La costruzione è realizzata senza ricorrere a strutture metalliche, ancora troppo onerose a quel tempo in Italia.

Purtroppo l'opera subito soffre di problemi strutturali, data la dimensione relativamente ridotta della base e il peso che deve supportare, e negli anni successivi vengono eseguiti i lavori di ricostruzione e consolidamento. La costruzione richiede costi elevati e nel 1877 la comunità ebraica decide di cedere il cantiere al Comune di Torino. Oggi è la sede del Museo Nazionale del Cinema.

All'interno dell'edificio è inserito un ascensore panoramico con dispositivo di sollevamento a funi. L'ascensore porta i visitatori sopra la cupola da dove si apre un panorama indimenticabile della città.

La Mole Antonelliana in una vecchia fotografia.

LA SINDONE
presente, passato prossimo, imperfetto, condizionale presente, condizionale passato

Torino è meta di pellegrinaggio religioso: qui si trova la sindone, un lenzuolo di lino che, secondo la tradizione, ha avvolto il corpo di Gesù Cristo. Dal 1578 si conserva nel Duomo di Torino.

Il termine *sìndone* deriva dal greco *sindon* che si usava in passato per indicare un telo di lino. La storia del lenzuolo inizia in epoca medievale, quando viene acquistato dai Savoia. Con la morte dell'ultimo re d'Italia la proprietà passa al papa.

La scienza si è interessata al lenzuolo e numerose discipline ne hanno effettuato esami, dimostrando che il lenzuolo risale al I secolo d.C. Questa affermazione però non è stata confermata dall'esame col metodo del carbonio, il quale ha datato il lenzuolo ad un periodo che si può far risalire tra il 1260 e il 1390. In questo caso la sindone sarebbe un falso medievale. Tuttavia tale esame è stato contestato per la metodologia applicata dai laboratori. C'è chi sostiene che le varie vicissitudini che la sindone ha affrontato nei secoli, il più grave fra tutti l'incendio nella Sainte-Chapelle di Chambery dove era conservata, avrebbero potuto rendere imprecisa la datazione.

Sulla sindone sono visibili due impronte di un corpo umano, a grandezza naturale, che si prolungano testa contro testa, una di fronte e l'altra di schiena, separate da uno spazio. Il corpo è quello di un maschio di circa trent'anni con la barba e i capelli lunghi. L'uomo raffigurato sulla sindone ha molteplici traumi.

L'immagine non è stata prodotta con mezzi artificiali: non è un dipinto, una stampa o una fotografia. È impressa solo sulle fibre più superficiali del lino, è dettagliata, tridimensionale ed è di un colore giallino che differisce da quello della stoffa di fondo solo per la maggiore intensità. Mentre l'immagine è simile ad un "negativo" fotografico, le macchie di sangue sono in "positivo". Esse si sono formate per contatto diretto con l'uomo avvolto nel lenzuolo. Si tratta di sangue umano.

Per non danneggiare il lenzuolo, la sindone viene mostrata al pubblico solo in rare occasioni.

IL MUSEO EGIZIO
presente

Il Museo delle Antichità Egizie di Torino, fondato nel 1824, ospita la collezione egizia seconda per importanza solo a quella del Museo del Cairo. È costituita da oltre 8000 oggetti con grandi statue, papiri, sarcofagi e oggetti della vita quotidiana.

La maschera di Gianduia

LA CITTÀ DELLA CIOCCOLATA
presente

La cioccolata arriva in Europa insieme alle patate, al granoturco, ai pomodori, ai fagioli e ai peperoni. Servita calda e in tazza, diventa il lusso più ambito a corte.

Nel 1865 nasce il gianduiotto, destinato a diventare uno dei simboli di Torino. A causa del caro prezzo del cacao il titolare dell'azienda Caffarel decide di unire alla pasta di cioccolato la polvere di nocciola. È un successo enorme. Il cioccolatino nasce in occasione del carnevale e prende il nome dalla maschera carnevalesca simbolo di Torino, Gianduia. Si dice che la sua forma ricorda il cappello di Gianduia. Da quell'anno il gianduiotto della Caffarel è chiamato "Gianduia 1865, autentico gianduiotto di Torino".

ALTRI PRODOTTI PIEMONTESI
presente

I grissini, bastoncelli di pane friabili e croccanti, conosciuti e amati in tutta Italia, nascono in Piemonte. La composizione del prodotto è semplice: farina di grano tenero, acqua, latte, olio, lievito e sale.

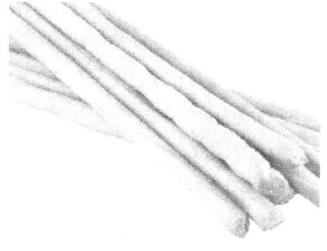

Grissini

Un altro prodotto che abitualmente è associato al Piemonte è il tartufo. I tartufi sono funghi molto apprezzati in culinaria. Si usano crudi, tagliati a lamelle sottili. Il tartufo si aggiunge a diversi piatti, alla carne o alle insalate.

Lo sviluppo del tartufo richiede speciali condizioni; non ama l'asciutto e preferisce terreni con la presenza di silice, come sono quelli del basso Piemonte: Monferrato e Langhe.

I tartufi si sviluppano in simbiosi con parecchie specie di alberi. L'albero, sotto cui si forma un tartufo, può essere determinante per la finezza e l'intensità del profumo. In genere la maturazione avviene nel periodo autunnale, ma esistono anche specie primaverili, estive ed invernali; il tartufo bianco è quello più pregiato.

Per cercare i tartufi, che di solito si nascondono sotto terra, si usano i cani dall'olfatto finissimo. L'espressione *cane da tartufi* può definire una persona curiosa, sempre a caccia di notizie e segreti.

?

5.6 La regione del Piemonte meridionale, chiamata Langhe, è famosa non solo per i tartufi, ma anche per la sua produzione vinicola. Il termine *langa* in piemontese indica un tipo di paesaggio caratteristico di questi posti. Di che cosa si tratta?

5.7 Di chi si potrebbe dire: *è un grissino*?

IL CARNEVALE DI IVREA
presente, passato prossimo

Il Piemonte, terra dove antiche tradizioni hanno mantenuto la loro vitalità e fascino, si svolge ogni anno un carnevale insolito, unico nel suo genere. Si tratta del carnevale di Ivrea, una vera e propria "battaglia delle arance". L'unicità di questo carnevale consiste nella sua trama ben definita, i cui protagonisti non sono maschere, ma personaggi interpreti di antichi avvenimenti. La battaglia rievoca l'insurrezione del XII secolo, quando il popolo distrugge il castello del tiranno.

La lotta è tra quelli che stanno in piedi, simbolo del popolo ribelle, e quelli sulle quadriglie (carri a quattro cavalli) che rappresentano le guardie del tiranno. Le nove squadre, formate ciascuna da un centinaio d'uomini armati, si sfidano lungo le vie del centro. Come in una battaglia vera e propria, non mancano i feriti: infatti, ogni anno decine di partecipanti a questa festa finiscono la giornata in ospedale. Eppure, il carnevale non si ferma: la voglia di divertirsi e partecipare ad un evento unico è più forte della paura e del buon senso.

LOMBARDIA
presente, futuro

La LOMBARDIA si trova fra la Svizzera, il Trentino-Alto Adige, il Veneto, l'Emilia-Romagna e il Piemonte. È una delle regioni più estese d'Italia e può essere suddivisa in quattro grandi fasce: la pianura padana; la zona collinare con i laghi minori; la zona prealpina con i grandi laghi; la zona alpina. La pianura padana è la più grande area coltivata del sud d'Europa e il motore economico della penisola italiana. Il Po irriga tutta la parte meridionale della regione. I più importanti fiumi tra i suoi affluenti sono l'Adda e il Ticino.

Il capoluogo della regione è Milano. Altre città importanti sono Bergamo, Brescia, Como, Cremona, Lecco, Mantova, Pavia, Varese. È la regione più popolosa d'Italia: conta circa nove milioni di abitanti.

Il simbolo ufficiale della Lombardia è una rosa camuna bianca in campo verde. È un segno ritrovato sulle rocce della Valcamonica, una valle in provincia di Brescia, lasciato insieme a tanti altri disegni rupestri dai camuni – antico popolo sottomesso dai romani.

I romani cominciano ad occupare la regione a partire dalla fine del III secolo a.C. L'annessione all'Impero Romano significa incremento di commerci e di cultura e la nascita dei primi nuclei urbani. Il nome di *Longobardia* (terra dei longobardi, popolo germanico) a lungo servirà a disegnare in senso lato tutta l'Italia centro-settentrionale.

Nelle città lombarde, prima che altrove, si ha il passaggio dal comune alla signoria, con l'ascesa al potere cittadino di un unico signore che assume le funzioni delle precedenti magistrature comunali. Agli inizi del secolo XIV emerge la signoria milanese della famiglia Visconti, seguita da quella degli Sforza. Si crea un potente stato che dal 1535 al 1700 cade sotto il dominio spagnolo e nel corso del XVIII secolo passa agli austriaci. Dal 1861 fa parte dello Stato Italiano.

Fra le regioni italiane la Lombardia è quella più sviluppata economicamente e svolge un ruolo trainante nei settori produttivo, finanziario, delle comunicazioni, ma anche nei servizi ai cittadini e alle imprese, i trasporti, l'editoria, lo sport, la moda. È la regione italiana più ricca in termini assoluti, grazie ad alto numero degli abitanti, fertilità dei suoi terreni e l'eccellente posizione geografica che favorisce legami con le aree più sviluppate dell'Europa occidentale.

È la capitale dell'editoria italiana. Qui hanno sede due dei tre gruppi nazionali del settore (*Mondadori* e *Rizzoli*). Sono lombardi il primo quotidiano nazionale per vendite (*Corriere della Sera*), il principale giornale sportivo (*La Gazzetta dello Sport*), il primo settimanale di informazione (*Panorama*) e le prime tre reti nazionali di televisione privata (*Mediaset*).

I servizi di natura finanziaria sono coagulati intorno alla Borsa di Milano e alle imprese bancarie e assicurative.

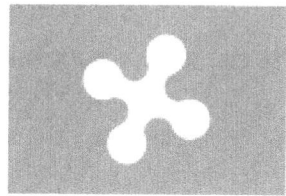

La rosa camuna, il simbolo della Lombardia.

6.1   Come viene chiamato un abitante della Lombardia? E quelli di Milano, Bergamo, Brescia, Mantova, Cremona?

6.2   La Lombardia è la regione italiana più ricca di laghi. In epoca remota era interamente ricoperta da ghiacciai che, ritirandosi nel corso dei millenni, hanno creato numerosi bacini nelle zone prealpine. Conosci quali sono i più importanti laghi italiani? Qual è il lago più grande? E quello più profondo?

6.3 I laghi italiani vengono spesso chiamati con i loro nomi antichi. Sai dire a quali laghi si attribuiscono i seguenti nomi: Verbano, Lario, Benaco?

MILANO
presente

Milano si trova nel centro della pianura padana, tra il Ticino e l'Adda, ed è un importante snodo di strade sin dall'epoca più antica, il maggior centro commerciale e industriale della regione.

La popolazione di Milano supera di poco il milione di persone: la città di per sé non è grande. Ma Milano viene spesso definita una città metropolitana: è circondata da altri centri abitati, e la popolazione di tutta la zona può essere stimata attorno a quattro milioni di persone.

Fondata dai galli*, Mediolanum è colonia romana, dal 292 capitale dell'Impero Romano d'Occidente. Qui esercita il suo episcopato il vescovo Ambrogio, destinato a diventare santo patrono di Milano. Nel Medioevo il libero comune lascia posto al potere signorile dei Visconti e degli Sforza. In seguito è terra di conquista da parte di spagnoli, austriaci, francesi…

Attualmente Milano è la capitale economica e finanziaria del paese, grazie anche alla presenza della Borsa. Dagli anni '80 diventa la città della moda.

galli – popolazioni stanziate nella valle del Po e nei territori che oggi corrispondono alla Francia (dai romani denominata *Gallia*)

Che origine ha il nome di Milano? Probabilmente la sua etimologia risale all'espressione "in mezzo alle terre" e si riferisce alla posizione geografica della città. Ma è solo una delle ipotesi. Ci sono molte leggende in proposito, due delle quali sono più diffuse delle altre.

LA SCROFA SEMILANUTA
presente, futuro

Quando l'Italia settentrionale viene invasa dai galli, il loro re Belloveso decide di fondare una città. Consulta gli oracoli. Gli rispondono che deve scegliere un luogo adatto: quello in cui troverà una scrofa con il dorso per metà coperto di lana. Belloveso parte alla ricerca della bestia e finalmente la trova in mezzo ai boschi. La città è chiamata Mediolanum, e la scrofa semilanuta diventa il suo simbolo. Ancora oggi, murato sul secondo arco del Palazzo della Ragione, in via Mercanti, si può vedere l'antico stemma che raffigura l'animale.

MEDO E OLANO
presente, imperfetto, passato prossimo

Medo e Olano erano due capitani etruschi che stavano colonizzando l'Italia del nord. Hanno fondato un nuovo villaggio, in una vasta pianura attraversata da fiumi. Il nome di questo centro, presto diventato abbastanza grande, nasce dall'unione dei nomi dei due fondatori: Mediolano.

IL DUOMO
presente, passato prossimo

Il Duomo è il simbolo di Milano, la sua costruzione più famosa. È la più complessa e l'ultima espressione dell'arte gotica (più precisamente, tardogotica) italiana. Il Duomo è l'unico edificio italiano che possiede in pieno le caratteristiche di questo stile architettonico, chiamato anche "internazionale" o "fiammeggiante".

A Milano, se un lavoro si protrae per lunghissimo tempo, si utilizza l'espressione *sembra la fabbrica del Duomo*: infatti, ci sono voluti molti secoli per costruire questa splendida cattedrale e il Duomo è talmente complesso e fragile che i lavori di manutenzione non finiscono mai.

La sua fondazione risale al 1386. La facciata è terminata solo nel 1805, ma i lavori continuano: le ultime vetrate sono del 1935. Dieci anni dopo, i bombardamenti provocano parecchi danni. Nel dopoguerra inizia dunque la stagione dei grandi restauri.

Quasi 12 mila metri quadrati di superficie, 157 metri di lunghezza, una facciata larga 62, la guglia più alta che raggiunge 108,50 metri: è una delle più grandi chiese del mondo. La guglia più alta è sormontata dalla dorata Madonnina, anch'essa un simbolo della città, tanto che Milano viene chiamata *la città della Madonnina*.

Ai fianchi del Duomo corrono i portici, ottocentesca eredità dell'architetto Giuseppe Mengoni, autore anche della vicina Galleria Vittorio Emanuele II. Al centro della piazza dal 1896 si erge il monumento al re Vittorio Emanuele II a cavallo.

IL CASTELLO SFORZESCO
presente

Eretto nel XIV secolo, diventa residenza e fortezza degli Sforza. Nell'Ottocento è restaurato. Tra le opere d'arte custodite al Castello la più importante è la Pietà Rondanini, l'ultima opera di Michelangelo, incompiuta.

LA BASILICA DI SANT'AMBROGIO
presente, passato remoto, trapassato prossimo

La basilica di Sant'Ambrogio è l'edificio più significativo della Milano medioevale. Fatta edificare dal vescovo Ambrogio e consacrata nel 386, all'inizio del XII secolo è completamente rifatta. La basilica è modello di tutta l'architettura romanica lombarda. Qui, in una cripta, sono conservati i resti di sant'Ambrogio.

IL TEATRO DELLA SCALA
presente, passato prossimo, passato remoto, imperfetto

La Scala è il teatro simbolo di Milano, dove vengono rappresentati opera lirica, balletto e concerti di musica classica. La Scala è stata il teatro di Verdi: qui il compositore ha presentato le sue prime opere e riscosso i suoi primi successi. Anche il Conservatorio di Milano porta il nome di Verdi, ma il compositore non ha studiato qui, essendo stato bocciato agli esami di ammissione.

Il teatro deve il suo nome alla chiesa di Santa Maria della Scala che fu abbattuta per costruirlo.

L'edificio come ci appare oggi è molto diverso da quello inaugurato nel 1778. Negli ultimi anni è stata intrapresa l'opera di restauro e ricostruzione. Il 7 dicembre 2004 il teatro è stato aperto dopo trenta mesi di lavori, che hanno cambiato anche il suo aspetto esterno, aggiungendo alla parte antica delle costruzioni moderne e suscitando polemiche. Nonostante i dubbi, le modifiche, giudicate da molti necessarie, sono state apportate.

Il nuovo palcoscenico è contenuto in una torre a forma di un cubo. L'ala antica dell'edificio è sovrastata da una parte moderna, che contiene gli uffici e i servizi. Questi volumi sono rivestiti all'esterno di marmo beige. Per motivi di sicurezza il teatro ha dovuto rinunciare alla sua "piccionaia", il loggione dove il pubblico meno facoltoso ma amante della musica poteva assistere agli spettacoli stando in piedi.

LA CITTÀ DI LEONARDO
presente, passato remoto, imperfetto, condizionale presente e passato, passato prossimo

Davanti alla Scala, al centro della piazza, dal 1872 si trova un monumento a Leonardo da Vinci e ai suoi discepoli lombardi.

Leonardo nasce a Vinci, piccolo paese in Toscana. Conosciamo l'ora e la data esatta della sua nascita grazie ad un documento scritto dal nonno: "1452, nacque un mio nipote, figliolo di Ser Piero, mio figliuolo a dì 15 aprile in sabato a ore 3 di notte. Ebbe nome Lionardo."

Leonardo firma i suoi lavori semplicemente con "Leonardo" o "Io, Leonardo". Presumibilmente, non usa il nome del padre, poiché è un figlio illegittimo. Possiamo ammirare poche delle sue opere: solo alcuni dei dipinti e nessuna delle statue sono sopravvissuti. L'artista spesso progetta grandi pitture, con molti disegni e schizzi, che non porta a termine.

Leonardo inizia la sua carriera artistica come pittore apprendista nella bottega di Andrea del Verrocchio a Firenze. Dal 1482 lavora a Milano. Qui spende molti anni facendo piani e modelli per un monumento a Francesco Sforza di bronzo. Doveva essere la più grande statua equestre del mondo. Leonardo lavora per molti anni al progetto e riesce a costruire un modello in argilla, distrutto nel 1499.

Dal 1513 al 1516 Leonardo vive a Roma, dove sono attivi pittori come Raffaello e Michelangelo, anche se non ha molti contatti con questi artisti.

Nel 1517 si trasferisce in Francia al servizio di Francesco I, dove muore nel 1519.

L'opera più celebre di Leonardo è la *Monna Lisa* (meglio conosciuta come *La Gioconda*), conservata al Museo del Louvre di Parigi. Essa rappresenterebbe la moglie del mercante fiorentino Francesco del Giocondo, ma ci sono anche altre teorie, tra cui quella che vede nel dipinto un autoritratto "al femminile" di Leonardo. Di sicuro l'artista è molto legato a questo ritratto, come testimonia il fatto che lo porta con sé in Francia nel 1517. *Monna* è un'abbreviazione di *madonna* (signora), titolo che nel Medioevo si usava premettere al nome, mentre *gioconda* significa "contenta, allegra, serena".

Oltre al lavoro artistico, Leonardo si dedica agli studi in campo scientifico e ingegneristico. Tra le curiosità che lo affascinano vi è il volo. Produce studi dettagliati sul volo degli uccelli e progetta diverse macchine volanti, compreso un deltaplano che avrebbe potuto volare. Ha ampie conoscenze anatomiche e lascia un grande numero di disegni.

La personalità di Leonardo e le sue opere sono sempre state circondate da un alone di mistero. Fu incolpato di omosessualità ma questa accusa fu ritirata per mancanza delle prove. Leonardo era vegetariano. Sappiamo anche che era mancino e usava la scrittura speculare (ovvero sapeva scrivere da destra a sinistra per non essere compreso).

IL CENACOLO
presente, imperfetto, passato remoto, futuro, condizionale presente, passato prossimo

Accanto alla chiesa di Santa Maria delle Grazie, progettata da Bramante e eretta nel 1463, si trova quello che ai tempi di Leonardo era il refettorio di un convento e dove l'artista dipinse l'*Ultima Cena* (detta anche il *Cenàcolo*). Nell'antichità, la parola *cenacolo* indicava il locale di un'abitazione nel quale ci si riuniva per pranzo e, dunque, anche quello dove Gesù consumò l'ultima cena con gli apostoli. In seguito cominciano a chiamare così la rappresentazione pittorica della sacra riunione.

La raffigurazione dell'*Ultima cena* è tipica della decorazione dei refettori. Leonardo però sceglie di rappresentare l'istante che segue immediatamente l'annuncio di Cristo del tradimento che subirà da uno degli apostoli, e non il momento successivo, quando Gesù identifica il traditore porgendo a Giuda il pane.

Il *Cenacolo* è il più grande tra i dipinti di Leonardo ed è il suo unico affresco sopravvissuto. Leonardo rifiuta il tradizionale procedimento della pittura a fresco che non consente ripensamenti e cambiamenti e sperimenta una propria tecnica, lavorando sull'intonaco asciutto. Ma il colore comincia a sfaldarsi quando l'artista è ancora in vita. L'affresco soffre anche a causa dell'umidità della parete su cui esso è eseguito.

Il *Cenacolo* corre il pericolo di essere distrutto durante la Seconda guerra mondiale, quando crolla la volta del refettorio in seguito ad un bombardamento aereo, ma rimane miracolosamente salvo.

Nel corso dei secoli l'affresco viene restaurato varie volte ma alcuni tentativi portano più danni che vantaggi.

L'opera ha curiosi aspetti e particolari che, secondo alcuni, furono certamente voluti da Leonardo. L'occhio destro di Cristo è al centro del dipinto e tutte le linee prospettiche convergono sul suo capo. Gli apostoli sono suddivisi a gruppi di tre. Forse Leonardo aveva l'intenzione di riprodurre la cosmografia del mondo? Gesù corrisponde al Sole, mentre ogni discepolo rappresenta un tipo del genere umano in analogia con uno dei dodici segni dello zodiaco. All'apostolo Simone, seduto a destra in capo alla tavola, viene attribuito il primo segno dello zodiaco, ossia quello dell'Ariete; a Taddeo quello del Toro; a Matteo i Gemelli e così via nell'ordine dell'intero zodiaco. A Giovanni, che si trova alla destra di Gesù, è attribuito il segno della Bilancia, a Giuda (colto nell'atto di rovesciare il sale) il segno dello Scorpione. Bartolomeo è dipinto, a differenza di tutte le altre figure, con piedi distintamente visibili (tradizionalmente, il segno dei Pesci è collegato ai piedi).

Un'altra interpretazione curiosa individua in discepolo a destra di Gesù una donna che sarebbe Maria Maddalena. Ha abiti uguali a quelli di Gesù, ma di colori opposti. Da alcuni teologi Maria Maddalena è vista come possibile compagna o moglie di Gesù (la teologia ufficiale non ha mai accettato o preso in considerazione questa ipotesi attorno a cui ruota la trama del romanzo *Il Codice Da Vinci* di Dan Brown).

MANZONI, UN MILANESE CHE SCRIVE IN TOSCANO
presente

Alessandro Manzoni, uno dei maggiori scrittori e poeti italiani, nasce a Milano nel 1785. Il nonno materno di Manzoni, Cesare Beccaria, è un economista e letterato ben conosciuto (autore del famoso trattato *Dei delitti e delle pene*).

L'opera più celebre di Manzoni è il romanzo *I promessi sposi*, che ha come eroi due "umili" personaggi, il cui matrimonio è impedito da un prepotente. Ma il romanzo parla dei più grandi mali di questo mondo: le guerre, gli inganni, le ipocrisie.

Il libro è considerato un caposaldo della letteratura italiana, ma anche una tappa importantissima nella formazione della lingua nazionale. Nella prima meta dell'Ottocento, quando l'Italia non è ancora unita, ma le idee dell'indipendenza e dell'unità della penisola trovano sempre più grande diffusione, diventa attuale anche la cosiddetta "questione della lingua". La lingua italiana non esiste ancora. Nell'Italia di allora si parla e si scrive in numerosi volgari: le lingue tra di loro comprensibili, ma diverse e non unite dalle norme linguistiche.

Quale di questi volgari deve diventare la base della lingua italiana? O forse, come propongono alcuni, si deve appellarsi agli alti esempi della letteratura trecentesca toscana, usando solo vocaboli che si incontrano negli scritti di Dante, Petrarca, Boccaccio? Cercando di creare un romanzo per tutti gli italiani, Manzoni trova la soluzione al problema della lingua nella scelta del volgare toscano, ma non quello degli esempi trecenteschi, bensì quello d'uso a lui contemporaneo. Ma lo stesso Manzoni, essendo un milanese, non ne è abbastanza esperto. Per dare vita alla stesura finale del romanzo, pubblicata nel 1840, l'autore deve andare a *risciacquare i panni in Arno*, e cioè fare un viaggio in Toscana.

I meriti di Manzoni vengono riconosciuti dai suoi contemporanei: nel 1874, ad un anno dalla morte dello scrittore, Giuseppe Verdi compone la *Messa da Requiem* per onorare la sua memoria.

?

6.4 Molte frasi tratte dalle opere di Alessandro Manzoni sono diventate proverbiali in italiano. Qui sono elencate alcune di esse. Sapresti dire in quali circostanze si usano?

Adelante, Pedro, con juicio.

Ai posteri l'ardua sentenza.

Carneade! Chi era costui?

CHE NE PENSI?

Lo scrittore Giovanni Verga definì Milano *la città più città d'Italia*. Negli ultimi decenni del Novecento di Milano si diceva *città onesta*, *capitale morale*, ma anche *Milano da bere*.
Cosa si può dire del capoluogo lombardo in base a queste definizioni?

LA CITTÀ AMBROSIANA E BORROMEA
presente, passato prossimo

Milano ha due santi patroni: sant'Ambrogio, festeggiato il 7 dicembre, e san Carlo Borromeo, celebrato il 4 novembre.

Sant'Ambrogio nasce tra il 333 e il 340. Il suo luogo di nascita non è certo, probabilmente è la Germania o la Francia.
Ambrogio viene acclamato il vescovo di Milano dalla popolazione nel 369. Dona il suo patrimonio familiare alla chiesa e ai bisognosi. Nella diocesi milanese unifica la liturgia che da lui prende il nome di *ambrosiana* e che differisce da quella *romana* per alcuni aspetti tra cui la durata della quaresima (quattro giorni in meno). Ambrogio compone molte lettere, discorsi e inni entrati in liturgia.
Il 7 dicembre in città ha luogo la Fiera degli O Bei O Bei. Secondo la leggenda, questo curioso nome deriva dall'esclamazione in dialetto milanese di un bambino che passeggiando tra le bancarelle ha visto i giocattoli e ha gridato: "O bei! O bei!". È anche il giorno dell'inaugurazione della stagione della Scala.

Carlo Borromeo cresce in una famiglia ricchissima. Il fratello della madre, Giovanni Angelo Medici, viene eletto papa col nome di Pio IV e invita a Roma Carlo che nomina cardinale e suo segretario. Carlo diventa arcivescovo dell'arcidiocesi ambrosiana nel 1565, a soli 27 anni. Per 19 anni svolge un'intensa attività. Vende beni propri per finanziare iniziative pastorali, in controtendenza rispetto alle abitudini della maggior parte dell'alto clero. Costruisce nuove chiese e scuole. La sua figura diventa leggendaria per l'impegno nelle opere assistenziali soprattutto nel periodo della terribile peste del 1576 – 1577, nota come *peste di san Carlo*. Nella diocesi impone regole severe e deve difendersi dalle accuse di eccessivo rigorismo avanzate presso il pontefice dalle autorità civili milanesi.

San Carlo viene ricordato da una gigantesca statua ad Arona (sua città natale sul Lago Maggiore). Il corpo del santo è esposto nella cripta del Duomo.

San Carlo Borromeo, Figino Giovanni Ambrogio.

LA CITTÀ MENEGHINA
presente, passato prossimo

La Chiesa milanese segue una liturgia diversa da quella romana, il *rito ambrosiano*. Il carnevale ambrosiano inizia quattro giorni più tardi di quello romano e, mentre tutto il resto d'Italia ha terminato festeggiamenti, a Milano arriva il carnevale.

L'origine di questi giorni ha le radici in un periodo storico precedente al cristianesimo, ma la parola *carnevale* viene dal latino *carnem levare*, ossia "togliere la carne". Deduciamo così che il carnevale è una festosa preparazione al periodo della penitenza (quaresima).

Durante l'epoca barocca i riti del carnevale raggiungono il loro massimo splendore. È proprio in questo periodo che nascono le tradizioni delle maschere regionali. Oggi ogni regione ed ogni città vantano le proprie maschere: Gianduia a Torino, Colombina e Pantalone a Venezia, Pulcinella a Napoli e molte altre.

Milano ha due famose maschere: Meneghino e la Cecca. Meneghino compare nel Seicento come personaggio delle commedie dialettali di Carlo Maria Maggi. Porta il tricorno (un cappello con tre punte), la parrucca con un codino, le calze a righe rosse e bianche. In milanese *Meneghin* è il diminutivo di Domenico. Ma chi è Meneghino? È un servo, devoto ai padroni, spavaldo a parole, ma in fondo simpatico. Meneghino diventa, nel tempo, sempre più popolare, tanto che i milanesi lo elevano a simbolo delle lotte contro gli austriaci. Ai nostri giorni un abitante di Milano può essere chiamato *meneghino*. La Cecca (diminutivo di Francesca) è moglie di Meneghino che fa il possibile per aiutare il marito. La particolarità di queste due personaggi è il fatto di non portare la maschera a dimostrazione della propria onestà.

Meneghino

Cecca

LA CITTÀ DELLA MODA
presente, passato prossimo

Milano diventa la città della moda negli anni Ottanta, grazie ai suoi stilisti di fama internazionale. Giorgio Armani comincia la sua carriera lavorando alla Rinascente, una famosa rete di magazzini di moda, come allestitore delle vetrine. La sua prima collezione risale al 1975, anno in cui fonda l'azienda anonima. Il successo arriva subito. Altri nomi milanesi sono Dolce&Gabbana, Gianni Versace, Prada…

Il quartiere della moda è via Montenapoleone con le strade adiacenti (Santo Spirito, Borgospesso, Gesù e Sant'Andrea).

Nel 2000 a Milano è stata inaugurata la scultura in due pezzi, *L'Ago e il Filo*, che rappresenta un enorme ago conficcato nel terreno con un filo multicolore. Con quest'opera dell'artista americano Claes Oldenburg il capoluogo lombardo ha reso omaggio all'industria tessile, che ha avuto una grande importanza nello sviluppo della sua economia.

MANGIARE ALLA MILANESE
presente

La cucina milanese è rinomata per i risotti, fra cui prevale quello giallo allo zafferano (chiamato anche *risotto alla milanese*). È cotto lentamente in tegame con burro, cipolla tritata, vino bianco, zafferano e brodo aggiunto in piccole quantità durante la cottura. Il risotto è spesso accompagnato dall'*ossobuco*: un taglio di carne, corrispondente a una porzione trasversale della tibia, cotto in salsa a base di vino bianco. La *cotoletta alla milanese*, invece, è una costoletta di vitello passata nell'uovo e nel pangrattato e fritta nel burro.

La *polenta* è così amata in Lombardia e in Veneto che gli abitanti dell'Italia settentrionale sono spesso chiamati dai meridionali *polentoni*. Questo piatto è preparato con farina di granoturco cotta nell'acqua.

Tra i piatti lombardi più famosi vi è certamente anche la *cassoeula* (stufato di carni miste con verdure).

UNA RICETTA LOMBARDA

LA CASSOEULA

Ingredienti

1 piedino di maiale, 200 grammi di cotenne (pelle del maiale o del cinghiale), 500 grammi di carne di maiale, 5 salsicce, 50 grammi di burro, 50 grammi di pancetta, 1 cipolla, 1 carota, 1 verza (varietà di cavolo), 2 coste di sedano, 4 cucchiai di salsa di pomodoro, sale e pepe quanto basta.

Preparazione

Fare rosolare il burro e unire a esso la cipolla e la pancetta tagliate finemente. Quando il soffritto sarà dorato, aggiungere il piedino, le cotenne e la carne già ridotti in piccoli pezzi. Far cuocere a fuoco lento e quindi unire la carota, il sedano tritato e in ultimo la

salsa di pomodoro diluita in acqua calda con sale e pepe. Coprire e lasciare cuocere lentamente e a lungo, aggiungendo dell'acqua se necessario. Circa a metà cottura unire le salsicce e, trenta minuti prima di servire, la verza lavata e tagliata grossolanamente. Servire la cassoeula ben calda.

Banchetto delle nozze di Teodolinda,
Duomo di Monza

MONZA
presente, passato remoto

Facciamo una sosta nella città di Monza a pochi chilometri da Milano. Qui visitiamo il Duomo, la cui fondazione è attribuita alla regina dei longobardi Teodolinda (VI secolo) che promosse la conversione del suo popolo al cristianesimo. All'interno, la cappella della corona ferrea conserva un ciclo di affreschi dei fratelli Zavattari raffigurante la storia della sovrana.

Il parco di Monza è il più grande parco recintato d'Europa, inizialmente pensato come riserva di caccia della Villa Reale di Monza. Nel 1922 nel parco è realizzato l'autodromo, la pista automobilistica più famosa del mondo.

?

6.5 Durante l'incoronazione a re d'Italia, avvenuta nel 1805 nel Duomo di Milano, Napoleone Bonaparte fu cinto da corona ferrea, appartenuta a suo tempo ai re dei longobardi. Attualmente la corona si trova nel Duomo di Monza. Il nome della corona, fatta d'oro, è dovuto ad una lamina di ferro che essa contiene: secondo la tradizione, si tratta di uno dei chiodi della Crocifissione. Si dice che nel momento dell'incoronazione Napoleone pronunciò una famosa frase, che diventò proverbiale: è un modo scherzoso per affermare un proprio diritto esclusivo su qualcosa che si possiede. Di che frase si tratta?

BERGAMO
presente, passato remoto

La città è suddivisa in due parti collegate da una funicolare: Bergamo bassa, in pianura, moderna; Bergamo alta, su un colle, racchiusa da una cerchia di mura bastionate.

Il centro della Bergamo alta è la Piazza Vecchia. Qui, nella cappella eretta nel XV secolo, riposa il famoso condottiero bergamasco Bartolomeo Colleoni. Una bella fontana settecentesca circondata da leoni testimonia i secolari rapporti con la Repubblica veneta alla quale la città appartenne dal 1428 a 1797, costituendone un importante centro di terraferma, il maggiore per la produzione della seta.

Tra i cittadini illustri di Bergamo è Gaetano Donizetti (1797 – 1848): nato qui in una famiglia di umili condizioni fu ammesso alle lezioni caritativi di musica. Grazie al suo talento, lavorò nei migliori teatri d'Italia, componendo più di 70 opere. Ma la vita del compositore fu segnata da tragedie familiari e perdita di tutte le persone care.

MANTOVA, LA CITTÀ DEI GONZAGA
presente, imperfetto, passato remoto

Màntova sorge su una piccola penisola sulla sponda destra del fiume Mincio, dove esso si allarga e forma tre laghi. Un tempo ne esisteva un quarto che di fatto rendeva la città un'isola. Così il fiume concesse alla città l'invulnerabilità che fece la fortuna dei Gonzaga, sotto i quali la Mantova ebbe il suo massimo splendore.

Francesco II (1484 – 1519) e sua moglie Isabella d'Este fecero della loro corte un vivace centro della civiltà rinascimentale. Tra i monumenti più celebri della città è il Palazzo del Té, la grandiosa villa dei Gonzaga, e il Palazzo Ducale che ha il suo culmine nella famosa "camera picta" di Andrea Mantegna, la "camera degli Sposi", ornata da un ciclo pittorico che celebra le imprese dei Gonzaga.

Il ritratto di Ludovico Gonzaga con la famiglia.
Andrea Mantegna, Camera degli Sposi, 1465 - 1474

CREMONA, LA CITTÀ DELLA MUSICA
presente, condizionale presente, imperfetto, passato remoto

Cremona, la città in riva al Po, è un importante porto fluviale. Il suo nome deriverebbe da *crem*, toponimo significante l'altura che proteggeva i primi abitanti dai frequenti straripamenti del fiume.

Tra i monumenti della città il più originale è il Torrazzo, una delle torri campanarie più alte del mondo (circa 111 m), costruita nel Duecento. Il suo enorme orologio astronomico segna le ore, i giorni, le costellazioni dello zodiaco, le fasi lunari e le eclissi.

La produzione per cui Cremona è famosa è la liuteria. I liutai italiani (il termine deriva da *liuto* ed identifica i costruttori di strumenti a corda) sperimentavano vari tipi di legni, nuove dimensioni e diverso numero di corde che dettero impulso alla "famiglia" degli archi. La creazione del violino è contesa tra Bologna, Brescia e Cremona, ma è Cremona a diventare la patria dei più famosi liutai del mondo. Alcuni dei capolavori dei maestri Amati, Stradivari e Guarneri si possono tuttora visitare nella Sala dei Violini del Palazzo Comunale e ancora oggi vengono suonati dai più grandi violinisti. Tra i violini che si trovano qui vi è il *Cremona 1715*, il violino più prezioso del mondo. Anche ai nostri giorni la città è costellata da oltre 100 botteghe liutaie attive.

Cremona è conosciuta come città della musica anche grazie al cremonese Claudio Monteverdi a cui si attribuisce l'invenzione del melodramma (genere teatrale, detto anche *opera*, in cui le parti sono cantate).

ANTONIO STRADIVARI
presente, congiuntivo passato, imperfetto, passato remoto

Antonio Stradivari è considerato il più grande costruttore di violini di tutti i tempi: i suoi strumenti sono di misure e proporzioni perfette. Si crede che Stradivari sia stato apprendista di Nicola Amati, ma solo per via della similitudine degli strumenti realizzati dai due maestri. Stradivari sapeva scegliere come pochi altri il legno da usare per i suoi archi. Vari studi indicano uno dei motivi secondari all'alto pregio degli strumenti costruiti da Stradivari: la breve era glaciale (il raffreddamento del clima) che favorì la crescita soltanto degli alberi più sani e con anelli proporzionati fra loro. Questa materia prima, molto regolare, permise all'eccellente liutaio di ottenere strumenti partendo da materiali attualmente non più disponibili.

Oltre ai violini, Stradivari creò anche arpe, chitarre, viole, violoncelli e liuti, si stima oltre 1100 strumenti musicali in tutto. Morì nel 1737 a Cremona ed è sepolto nella basilica di San Domenico.

A NATALE SI MANGIA… ALLA CREMONESE
presente, congiuntivo presente e passato, passato remoto

Due dolci di origine cremonese sono d'obbligo sulla tavola degli italiani a Natale: la mostarda e il torrone.

La *mostarda* è composta da frutta candita immersa in uno sciroppo zuccherino aromatizzato con senape. È una salsa che accompagna carni e formaggi. Le sue origini sono antichissime, mentre il nome deriva da *mout ardent*, ovvero *mosto ardente* (la parola *mosto* indica il succo non ancora fermentato ricavato dalla spremitura dell'uva).

Le origini del *torrone* sono testimoniate da numerose fonti, dalle quali sembra che il primo impasto a base di miele, zucchero, mandorle o nocciole ed albume sia comparso al banchetto nuziale che si tenne a Cremona nel 1441. Questo primo esemplare di torrone fu la fedele rappresentazione del campanile del Duomo, Torrazzo (all'epoca chiamato *Torrione*). La tradizione italiana vuole che sia di buon auspicio presentare il torrone sulle tavole imbandite per le feste natalizie.

VENETO

VENETO
presente

Il VENETO è una regione dell'Italia nord-orientale. Confina a est con il Friuli-Venezia Giulia, a nord con l'Austria, a nord-ovest con il Trentino-Alto Adige, a ovest con la Lombardia, a sud con l'Emilia-Romagna. A est è bagnata dall'Adriatico. Un terzo del suo territorio è coperto dai monti, il resto è una vasta pianura. Il Veneto è attraversato dai fiumi, tra cui il Po e l'Adige, e comprende la parte orientale del lago di Garda.

Il capoluogo della regione è la città di Venezia (circa 300 mila abitanti), ma anche altre città hanno grande importanza nella vita economica e culturale: Verona, Vicenza, Padova, Treviso.

Il nome di questa regione, così come quello della città di Venezia, viene dal popolo dei veneti, di probabile origine indoeuropea, che abitano qui prima dell'arrivo dei romani. Nella riorganizzazione statale voluta dall'imperatore Augusto queste terre costituiscono già una regione con il nome di *Venetia et Histria*.

Dopo la caduta dell'Impero Romano, i territori del Veneto vengono invasi dalle orde di popoli di origine barbarica. Le popolazioni delle antiche città si rifugiano nelle zone più vicine al mare, dove fondano i nuovi siti urbani tra cui Torcello, Chioggia, Venezia. Il Veneto si trova diviso in due aree: la terraferma longobarda, poi franca, e la costa legata a Bisanzio. A partire dal XIV secolo l'area fa parte dei domini della Repubblica di Venezia: corrisponde a buona parte del cosiddetto *Stato da terra* (Stato di terra) per distinguerlo dai possedimenti veneziani nel Mediterraneo che costituiscono lo *Stato da mar* (Stato di mare). Dalla fine del Settecento e fino al 1866 queste terre fanno parte dell'Impero Asburgico.

Oggi il Veneto è uno dei poli di maggiore sviluppo industriale e commerciale del paese, nonché una delle mete turistiche più importanti. È la prima regione turistica italiana per arrivi, mentre Venezia, dopo Roma, è il secondo centro d'arte più visitato in Italia. La regione offre anche straordinari paesaggi alpini, l'incantevole scenario del lago di Garda, le stazioni termali e balneari.

VENEZIA
presente, imperfetto, passato prossimo, condizionale presente

Repubblica di Venezia, o *Serenissima Repubblica di Venezia* (spesso chiamata semplicemente *La Serenissima*), è il nome di un antico stato, la cui capitale era Venezia.

La nascita della città è legata al flusso di rifugiati che, abbandonando la pianura sotto la spinta dell'invasione da parte dei longobardi, soprattutto nel periodo tra il VI e il VII secolo, si ritira sulle 118 isolette lagunari.

Il mare garantisce la prosperità e la protezione: mentre le città dell'entroterra soffrono a causa di continui conflitti, Venezia vive secoli di tranquillità. La potenza economica della città è basata sul controllo dei commerci con il Levante. Venezia viene chiamata *sposa del mare*.

Venezia espande il suo controllo nell'Adriatico ed oltre, controllando per secoli Creta e Cipro. L'espansione veneziana riguarda anche la terraferma: nel Quattrocento Venezia, a cui appartiene già gran parte del Veneto, comprese importanti città come Verona e Padova, conquista Brescia, Bergamo e altri territori. La scoperta dell'America e il conseguente spostamento del centro del commercio europeo frenano lo sviluppo economico della città. Venezia comincia a perdere i domini coloniali. La Repubblica, ormai in declino, viene conquistata da Napoleone Bonaparte nel 1797 e ceduta poi all'Austria. Rimane sotto la dominazione dell'Impero Austroungarico fino a quando passa al Regno d'Italia nel 1866.

Venezia di oggi mantiene il suo fascino e il suo particolare aspetto. I canali principali della città sono il Canal Grande ed il Canale della Giudecca. Il primo taglia in due la città tracciando una "S" rovesciata, il secondo separa il grande centro storico dall'isola della Giudecca.

La piazza San Marco è l'unica *piazza* della città, mentre le altre sono denominate *campi*. Qui si trovano l'omonima basilica, il Palazzo Ducale ed il campanile. Un altro simbolo della città è il Ponte di Rialto, costruito nel 1588 in sostituzione di una struttura mobile in legno che consentiva il transito di imbarcazioni alberate. Fino al 1854 è stato l'unico ponte sul Canal Grande.

La posizione della città in mezzo alla laguna crea problemi di salvaguardia dell'equilibrio ambientale e presenta numerose minacce per l'esistenza di Venezia. La laguna è un ambiente delicatissimo che dagli anni Trenta del XX secolo deve subire la presenza del complesso petrolchimico di Porto Marghera e il traffico di navi di grande tonnellaggio.

Il livello dell'acqua sale ogni anno e la città in pochi decenni potrebbe essere sommersa dal mare. Il fenomeno dell'acqua alta è frequente soprattutto nel periodo autunnale. Gli scienziati parlano della minaccia che incombe sulla città facendo le previsioni su quanti anni di vita rimangono ancora a Venezia. Per la difesa delle isole lagunari dall'opera distruttiva delle onde del mare aperto sono stati eretti dei murazzi, bastioni di grossi massi. È in corso il progetto M.O.S.E. (Modulo Sperimentale Elettromeccanico), molto discusso per quanto riguarda l'impatto sull'ecosistema laguna-Adriatico, ma comunque in stato di realizzazione, che dovrebbe permettere la riduzione del fenomeno per mezzo di barriere alzabili ancorate al fondo della laguna.

Un altro grave problema della città è lo spopolamento: dal 1966 a oggi il centro storico di Venezia ha perso la metà dei suoi abitanti. Erano 121 mila nel 1966, sono 62 mila oggi, un quarto della popolazione ha più di 64 anni. Così Venezia rischia di smettere di essere una vera città e diventare solo una meta turistica. La prima causa dell'esodo è un alto costo delle abitazioni e della vita.

?

7.1 Chi era il capo dello stato nella Repubblica di Venezia? Da chi e per quanti anni veniva eletto? Dove viveva e lavorava senza poterne uscire?

7.2 Qual è il simbolo della città di Venezia e che significato ha?

BREVE DIZIONARIO VENEZIANO

ca' – troncamento arcaico di *casa*; a Venezia sopravvive nella denominazione di alcuni palazzi storici: *Ca' Foscari*

calle – via, strada (dal lat. *callis* – sentiero)

campo – piazza nella quale sboccano uno o più *calli*, più estesa del *campiello*

laguna – tratto di mare basso separato dal mare aperto da una lingua di sabbia

lido – lingua sabbiosa che separa la laguna veneta dal mare aperto

squero – il cantiere dove si producono e si riparano le imbarcazioni

bauta – tipico costume settecentesco, composto dalla *larva*, una maschera che altera la voce di chi la indossa, e da una mantellina provvista di cappuccio, sul quale si metteva un cappello nero a tre punte, il *tricorno*. Il mantello è detto *tabarro*.

LA CITTÀ DELLE ISOLE
presente, imperfetto, passato remoto

Le coste dell'alto Adriatico sono basse e caratterizzate dalle *lagune*. Le più note sono quelle di Murano, Grado e Venezia, e tutte sono quasi completamente sbarrate da un cordone sabbioso, detto *lido*. Quando il lido è interrotto da aperture, i cosiddetti *porti*, la laguna può comunicare con il mare aperto, e vi è quindi un certo ricambio delle acque, mentre in caso contrario – laguna "morta" – le acque ristagnano.

Venezia sorge su un arcipelago di 118 isole, in mezzo all'omonima laguna a quattro chilometri dalla terraferma e a due dal mare. Nella laguna veneziana sono presenti alcune grandi isole, raggiungibili solo con una gondola o un vaporetto.

La Giudecca è separata dal centro storico da un largo canale. La parola *giudecca* significava in varie città italiane quartiere abitato dagli ebrei, ghetto. Forse questa è l'etimologia del nome dell'isola, anche se a proposito esistono teorie diverse.

L'isola di Murano è composta da cinque isolette unite da ponti. A partire dal Duecento i veneziani concentrano qui, in questo luogo relativamente poco popolato, tutte le botteghe vetrarie della città, fonte di frequenti incendi. L'isola di Murano è famosa per la sua produzione vetraria anche ai nostri giorni.

Torcello è chiamata *madre di Venezia*, perché è la prima isola veneziana ad essere popolata. Oggi, però, a Torcello abitano più o meno cento persone. L'isola è frequentata da numerosi turisti che visitano il Duomo di Santa Maria Assunta e la chiesa di Santa Fosca.

Burano è costituita da quattro piccole isolette. È famosa per la produzione di finissimi merletti.

L'isola di San Lazzaro degli Armeni da molti secoli ospita una piccola diaspora armena, discendente dai profughi dalle terre armene invase dai turchi, che ricevettero in dono dal Comune di Venezia alcuni edifici in cui fondare la propria abbazia.

Il Lido è la più frequentata fra tutte le isole della laguna: i turisti sono attirati dalle splendide spiagge e dalle manifestazioni culturali del livello internazionale che si svolgono qui, prima di tutto il Festival del Cinema.

LA CITTÀ DI SAN MARCO
presente, imperfetto, passato remoto

Il patrono della città è san Marco, considerato l'autore del secondo vangelo, e l'emblema della città è il leone alato, simbolo dell'evangelista. Secondo una tradizione, san Marco predicava sulle isole della laguna e ad Alessandria d'Egitto, dove morì.
Nel IX secolo le reliquie del corpo di san Marco vengono trafugate da Alessandria da una delegazione veneziana, che nasconde le ossa sotto la carne di maiale per ingannare i musulmani. Nelle lunette della facciata della basilica di San Marco sono raffigurati i momenti più importanti di questo avvenimento: l'arrivo a Venezia del corpo, le spoglie del santo onorate dal doge, la traslazione del corpo in basilica. Dal 1835 le reliquie riposano sotto l'altare maggiore, davanti alla grande Pala d'oro, che è

l'oggetto più prezioso in basilica. È costituita da una tavola di legno, rivestita d'argento dorato con medaglioni smaltati e pietre preziose.

La basilica di San Marco, iniziata attorno al 1063 in sostituzione di un precedente edificio, è un meraviglioso insieme di stili e tradizioni. Nel 1204, con la crociata e la conquista di Costantinopoli, giungono a Venezia i marmi preziosi che rivestono la basilica, l'antichissima icona della Madonna Nicopeia (cioè della vittoria), gli smalti della Pala d'oro e varie sculture. Linguaggi e culture diverse si fondono soprattutto sulla facciata nord, con la sua straordinaria Porta dei Fiori.

IL CAMPANILE DI SAN MARCO
presente, imperfetto, passato prossimo

Il più noto fra molti campanili di Venezia è quello di San Marco, eretto tra l'888 e il 1032. Il campanile viene colpito più volte da fulmini, terremoti e incendi, ma resiste. Il 14 luglio 1902, invece, crolla, senza le ragioni apparenti. Il consiglio comunale apre un'inchiesta e decide la ricostruzione, adottando la formula "dov'era e com'era".

Poche ore prima del crollo un gruppo di tecnici voleva salire per controllare una fenditura individuata tre giorni prima. Dopo il crollo, la perizia mette in luce che il terreno argilloso non era sufficiente a sostenere la torre, che i restauri precedenti erano stati fatti male, che il legno era marcito. Al precetto "com'era" si doveva aggiungere il rafforzamento e l'allargamento della fondazione. Le macerie della campanile vengono raccolte e catalogate.

Il nuovo campanile, costruito pochi anni dopo, assomiglia, quanto è possibile, a quello vecchio. Ha la stessa altezza di 98,60 metri e mantiene sul pinnacolo la statua dell'arcangelo Gabriele. I costruttori hanno saputo conservare l'armonia tra campanile e altri monumenti della piazza, tra severità medievale e fioritura rinascimentale.

LE GONDOLE
presente, imperfetto

La gòndola è la barca più armoniosa e particolare fra tutte quelle che navigano per le acque della laguna.

Nel Settecento il doge di Venezia emana un decreto sulle imbarcazioni. Alle gondole viene prescritto di avere gli stessi parametri di lunghezza e di larghezza e di astenersi dalle ricche decorazioni. Il colore nero era proprio di tutte le barche venete e non solo delle gondole veneziane ed era legato all'uso della pece come impermeabilizzante.

La gondola ha una forma asimmetrica: il lato sinistro è più largo del destro. Può essere condotta da uno o due rematori che vogano alla veneziana, cioè rivolti verso la prua. L'asimmetria serve a semplificare la conduzione a un solo remo. La barca ha un fondo piatto ed è estremamente maneggevole, ma richiede dal gondoliere un senso dell'equilibrio molto sviluppato: la posizione di voga all'estremità della poppa è instabile.

IL CARNEVALE
presente

Già dal 1296 a Venezia il giorno precedente la quaresima viene pubblicamente dichiarato festività. È nel Settecento, però, che Venezia conquista definitivamente la fama di città del carnevale, quando cominciano ad arrivare in laguna ricchi e nobili signori provenienti da tutta Europa. Le maschere di Pantalone e Pulcinella, di Arlecchino e Brighella, tipiche della Commedia dell'Arte, rendono celebre il carnevale veneziano in tutto il mondo.

La città abbandona la tradizione del carnevale solo nel 1797, quando la Repubblica viene conquistata da Napoleone. Il carnevale torna nel 1980 per merito di un uomo di teatro, Maurizio Scaparro.

Il personaggio di questo dipinto di Pietro Longhi (1750) porta la *bauta*, tradizionale costume veneziano.

?

7.3   Una delle maschere veneziane della Commedia dell'Arte è Pantalone, un mercante ricco, vecchio, intraprendente; ha barba a punta, mezza maschera, abito rosso con un soprabito nero. Forse ti è capitato di sentire questo nome in una celebre frase: *Paga Pantalone*. Cosa significa questa frase? In quali situazioni può essere usata?

Pantalone

7.4 Quali parole mancano?

La Commedia dell'Arte nasce in Italia nella seconda metà del Cinquecento. È così detta perché per la prima volta in Europa viene recitata da attori _____ in compagnie regolarmente costituite. È un teatro basato sull'_____. Gli attori si celano dietro le maschere, ogni maschera ha tratti di carattere tipici. Lo spettacolo non segue un _____ in cui sono predefinite le repliche dei personaggi, ma cosiddetti *canovacci* che danno solo un'idea approssimativa su come si sviluppa la storia raccontata nello spettacolo. Il resto è lasciato all'improvvisazione degli attori.

TUTTI PARLIAMO IL VENEZIANO
presente, passato prossimo, imperfetto

La storia di alcune parole, entrate nel lessico di molte lingue del mondo, è curiosa e inizia proprio a Venezia.

Il saluto *ciao*, nella forma *sciao*, è nato nel Veneto, come continuazione del latino medievale *sclavus* che designava gli "slavi" della costa adriatica e, soprattutto a Venezia, i prigionieri di guerra slavi tenuti in schiavitù, affermandosi nell'italiano *schiavo*. Mentre in italiano *schiavo* si fissa come formula di saluto rispettosa (*schiavo suo* per dire "sono suo schiavo, ai suoi servizi"), nel veneto si usa *sciavo* che nell'Ottocento si diffonde nell'Italia del Nord, assumendo la forma *ciao* e diventando la formula di saluto più confidenziale.

Gazeta è una moneta coniata a Venezia nel 1539. In seguito, un foglio di notizie di Venezia che costa una gazeta prende il titolo di "Gazeta dele novità". La parola diventa presto denominazione di periodici; ancora oggi in Italia possiamo trovare la "Gazzetta del Popolo", "La Gazzetta dello Sport" e la "Gazzetta Ufficiale". Per il suo carattere di notizie di cronaca locale, il termine *gazzetta* assume un tono limitativo rispetto al più prestigioso *giornale* e finora si usa in senso figurato per definire una persona ficcanaso e pettegola. L'aggettivo *gazzettistico* si riferisce ad un tipo di stampa privo di serietà.

VERONA
presente, passato prossimo, imperfetto, passato remoto, condizionale passato

Dopo Roma, è la città che ha conservato più monumenti di epoca romana: l'anfiteatro, il teatro, gli archi, le porte e il ponte. L'anfiteatro romano, noto come Arena, è il terzo per dimensione dopo quelli di Roma (il Colosseo) e di Capua. Qui ogni anno ha luogo un prestigioso festival lirico. La parola *arena* in latino significa "sabbia" (sabbia abitualmente copriva il fondo di un anfiteatro).

Alla fine del Duecento il potere a Verona passa alla famiglia della Scala (per questo la città è spesso chiamata *scaligera*). Tra i signori della città il più famoso è Cangrande della Scala, che ospita presso la sua corte Dante, esule fiorentino. A Cangrande Dante dedica la terza cantica della sua *Commedia*.

Verona è immortalata dalla tragedia di William Shakespeare, *Romeo e Giulietta*, una delle più belle e più tristi storie d'amore mai raccontate. Shakespeare non visitò mai Verona ed immaginava la città come una sorta di Venezia con canali e gondole, forse ispirato dai pittori veneziani di corte a Londra. È noto che la storia di Romeo e Giulietta non fu inventata dal drammaturgo inglese: era raccontata da altri autori e si dice che Shakespeare trovò questo soggetto in una guida per la città di Verona. Una storia realmente accaduta, dunque?

La tradizione indica una delle case a pochi passi dalla piazza principale della città, Piazza delle Erbe, come la casa dei Capuleti (la famiglia veronese dalla quale sarebbe venuta Giulietta). È un alto edificio risalente forse al XIII secolo, sul muro del quale c'è lo stemma della famiglia: un cappello. Attualmente è un museo. Ma la casa in via Cappello non è l'unico riferimento alla famosa storia d'amore: a Verona c'è anche una dimora che la tradizione lega alla famiglia di Romeo e, infine, la tomba di Giulietta nell'ex convento dei cappuccini. Un sarcofago vuoto in una cripta immersa nella penombra.

Verona figura anche nelle altre opere di Shakespeare: *I due gentiluomini di Verona* e *La Bisbetica domata*, ambientata a Padova, ma con il protagonista maschile, Petruccio, veronese.

Verona è fra le città italiane più presenti nei toponimi dei nuovi continenti. Le varie Verona statunitensi, canadesi ed australiane nascono dalle opere di Shakespeare.

Attualmente Verona, che conta circa 259 mila abitanti, è un importante centro industriale e commerciale, ma anche una frequentata meta turistica. Dalle colline circostanti Verona si apre un panorama suggestivo della città che si propaga lungo il fiume Adige.

?

7.5   Come viene chiamato un abitante del Veneto? E quelli di Venezia, Verona, Padova, Vicenza?

7.6   Di quale città veneta si tratta?

È nota come la città di sant'Antonio, il famoso francescano portoghese, uno dei santi più venerati dalla chiesa cattolica, nato a Lisbona, che qui visse per alcuni anni e morì. Per lui fu eretta una grandiosa basilica.

La città è fiera del suo passato di cui conserva il ricordo in molti monumenti, compresi quelli del periodo romano. La sua università è la seconda più antica d'Italia ed una tra le prime d'Europa. L'orto botanico, risalente al 1545, fa parte dei siti dichiarati dall'UNESCO "patrimoni dell'umanità": è considerato il primo al mondo.

Tra i tesori artistici vi è la Cappella degli Scrovegni, affrescata da Giotto. Il Prato della Valle è una spettacolare piazza, fra le più grandi d'Europa.

VICENZA, LA CITTÀ DEL PALLADIO
presente, passato remoto, imperfetto

Vicenza è legata al nome di Andrea di Pietro della Gondola, detto Palladio, che realizzò qui molte opere importanti, tra cui il progetto del nuovo teatro, presentato ai soci dell'Accademia Olimpica nel 1580 (per questo il teatro è spesso chiamato *Olimpico*). Questo edificio propose una nuova tipologia architettonica teatrale. Infatti, dai tempi dell'antichità, le rappresentazioni teatrali si allestivano in teatri provvisori che potevano avere luogo all'aperto, in cortili, o all'interno di ampi saloni.

Nell'ideare l'edificio teatrale Palladio si servì del libro di Vitruvio in cui trovò le descrizioni dei teatri antichi. Vitruvio, architetto romano, è l'autore dell'unico trattato architettonico dell'antichità a noi pervenuto, *De architectura*. Il teatro di Palladio, comunque, non è una copia del teatro antico. A differenza dei teatri antichi a cielo aperto, ha un soffitto. Il modello dell'edificio teatrale, proposto da Palladio, ebbe un grande successo e fu imitato, dando origine alla tipologia architettonica del teatro moderno.

Le immagini del Teatro Olimpico tratte da un libro edito nel 1750.

LA PARTITA A SCACCHI DI MAROSTICA
presente

Il primo fine settimana di settembre a Maròstica, in provincia di Vicenza, si svolge una sfida a scacchi giocata con "pezzi" viventi.

La leggenda racconta che nel Quattrocento un signore impedisce ai due pretendenti innamorati della sua bella figlia Lionora di sfidarsi in duello, obbligandoli a confrontarsi nel gioco degli scacchi. L'incontro si svolge con "pezzi" vivi alla presenza di tutto il popolo. Il cavaliere preferito di Lionora vince la partita.

E così ancora oggi il re e la regina, gli alfieri e i pedoni sono impersonati da uomini e donne, i cavalli sono veri cavalli, le torri sono autentiche torri spinte da valletti. I "pezzi" si spostano eseguendo le mosse ordinate dai due contendenti che un araldo annuncia a gran voce nella lingua della Serenissima Repubblica di Venezia.

?

7.7 Quale significato hanno queste espressioni idiomatiche?

vivere come un doge   casalinga di Treviso

vicentino mangiagatti   baruffe chiozzotte

LIGURIA
presente, imperfetto, passato prossimo

La LIGURIA, una delle meno estese regioni italiane, bagnata a sud dal mar Lìgure, confina a ovest con la Francia, a nord con il Piemonte e con l'Emilia-Romagna, a est con la Toscana. Il capoluogo ligure è la città di Genova. È una terra prevalentemente collinare e montuosa, famosa per le sue bellezze naturalistiche e paesaggistiche.

Il nome della regione viene dal popolo di liguri che abitava questa terra prima dell'arrivo dei romani. A partire dall'antichità il termine *Liguria* a lungo si impiegava per indicare una regione più vasta dell'attuale, come è attestato dalla presenza di toponimo *ligure* al di fuori degli odierni confini amministrativi. Durante il Medioevo Genova prende gradualmente il controllo della maggior parte della Liguria. Nel 1815 questi territori vengono annessi al Regno di Sardegna. Dal 1860 la regione fa parte dell'Italia.

La storia della Liguria è indissolubilmente legata al mare. I grandi porti si trovano a Genova (il secondo fra quelli italiani per il movimento complessivo e uno dei maggiori in Europa), Savona e La Spezia.

Genova ha avuto un ruolo importante nel commercio mediterraneo. Con lo sviluppo dell'economia italiana è diventata una delle città del famoso triangolo industriale Genova – Milano – Torino. La diffusione del turismo ha fatto delle coste di tutta la regione una delle mete più frequentate d'Italia. In seguito, la crisi dell'industria pesante e la concorrenza di altri porti mediterranei hanno ridimensionato il ruolo economico della Liguria, che punta oggi sullo sviluppo di un'agricoltura di qualità, sul turismo e sul tentativo di far diventare Genova un centro di cultura a livello europeo.

Il paesaggio ligure è uno dei più suggestivi al mondo; i borghi liguri Portovenere e Cinque Terre sono stati dichiarati dall'UNESCO "patrimonio dell'umanità" con la seguente motivazione: "Un'area culturale di eccezionale valore che mostra l'armonioso rapporto tra uomo e natura, naturale dimostrazione di un tradizionale modo di vivere che si è conservato per mille anni e che continua oggi".

?

8.1   Come viene chiamato un abitante della Liguria? E quello di Genova?

GENOVA
presente, imperfetto, passato remoto, passato prossimo

Genova, città di oltre 600 mila abitanti, si estende tra il mare e le colline dell'Appennino. Per grandezza e nobiltà della sua storia è definita *La Superba*. Fu una delle repubbliche marinare, insieme ad Amalfi, Venezia e Pisa. Le repubbliche marinare possedevano grandi flotte e controllavano il commercio via mare; con l'aiuto delle flotte conquistavano e tenevano sotto il proprio dominio terre lontane.

La leggenda fa derivare il nome della città dal dio Giano, in latino *Ianus*. Gli antichi lo consideravano protettore di tutti i passaggi e fra di essi anche della porta, di casa o della città (*ianua* significava "porta"). Per questo veniva rappresentato bifronte. Ianus dava nome al primo mese, *ianuarius*. In epoca medievale questa tesi sull'origine del nome della città viene presa in tale considerazione che la città assume il nome di *Ianua* invece del *Genua*. Infatti, Genova è stata nei secoli una vera "porta" del Mediterraneo: la città di navigatori, commercianti, viaggiatori.

L'ascesa della città al ruolo di protagonista marittima è legata alle crociate. Dagli arabi i genovesi apprendono conoscenza ed esperienze di navigazione e di commerci. Genova acquisisce colonie e mercati e accumula ricchezze straordinarie.

La storia della Repubblica di Genova finisce quando Napoleone la trasforma in Repubblica Ligure, di fatto satellite francese. Per ironia della storia, la Corsica dove Napoleone è nato, passa dai genovesi ai francesi pochi anni prima della nascita di Bonaparte. Nel 1815 Genova entra sotto il dominio dei Savoia, che la trasformano in ducato, aggregandolo al loro Regno di Sardegna.

Genova non è tra le più famose città d'arte italiane, ma il suo patrimonio artistico e culturale, non sempre abbastanza valorizzato, è notevole. Il centro storico di Genova ha sofferto un lungo periodo di decadenza alla quale attualmente si cerca di porre fine. La struttura urbanistica della città è un dedalo di piazzette e stretti *carruggi* (così in genovese vengono chiamati i vicoli). Di particolare interesse sono i palazzi nobiliari: la Repubblica oligarchica accoglieva gli ospiti di stato nelle dimore dell'aristocrazia.

Un'importante spinta allo sviluppo della città è stata data nel 1992 dalle celebrazioni per l'anniversario della scoperta del continente americano da parte di Cristoforo Colombo, il più famoso genovese di tutti i tempi. In questa occasione il porto vecchio della città è stato ristrutturato ed è divenuto l'area turistico-espositiva, il cui centro è l'Acquario, composto da 70 vasche che illustrano la vita marina dalle scogliere coralline alle gelide acque antartiche.

?

8.2 Il faro di Genova, il simbolo di questa città da sempre legata al mare, è considerato il più antico d'Italia. Fu eretto nel 1128 e funziona ancora oggi, anche se adesso è automatizzato. Come viene chiamato il faro dai genovesi?

8.3 A torto o a ragione, ma i genovesi sono considerati nel resto dell'Italia un po'... Cosa significa quando qualcuno ci chiede di *non fare il genovese*?

CRISTOFORO COLOMBO
presente, passato remoto, imperfetto, congiuntivo imperfetto, condizionale passato

Il luogo di nascita di Cristòforo Colombo a lungo fu un mistero. Si discuteva da quali città e paese venisse il più famoso navigatore di tutti i tempi. Attualmente gli studiosi sono quasi concordi nel vedere Genova come la sua città natale (dove si trova ancor oggi una casa indicata come quella di Colombo).

Nel 1492 Colombo salpa sotto le insegne dei sovrani di Spagna con tre caravelle con equipaggio spagnolo. Si avventura attraverso l'Atlantico alla ricerca delle Indie. Scopre le grandi isole di Cuba e di Haiti, le chiama *Indie Occidentali* e gli abitanti *indiani*.

La traversata dell'Atlantico dura oltre due mesi. Dopo la prima spedizione Colombo ne realizza ancora due, scoprendo terre nuove. Una rivolta scoppiata ad Haiti provoca l'intervento di un commissario reale che arresta Colombo accusato di atrocità e repressioni e lo rimanda in Spagna. Dopo essere stato assolto e liberato, Colombo compie il quarto viaggio nel quale costeggia l'America centrale. Torna stanco e malato e muore nel 1506, ignorando di aver scoperto un nuovo mondo.

Cristoforo Colombo era convinto che la terra fosse sferica e che puntando verso occidente avrebbe raggiunto l'Asia, e sosteneva che la Terra avesse un diametro abbastanza piccolo da poter compiere la traversata. Colombo non era il solo a sostenere che la Terra fosse sferica, questa era opinione comune della gente colta del tempo. La forte opposizione che Colombo trovò non derivava dalla sfericità o meno della Terra. La Terra era considerata troppo grande perché la traversata oceanica fosse realizzabile. I calcoli di Colombo erano, oggi sappiamo, sbagliati, mentre quelli dei suoi avversari erano sostanzialmente corretti. La grande fortuna di Colombo fu che sulla strada per le Indie trovò le Americhe. Colombo stesso non si rese conto all'inizio di essere su un continente diverso da quello che si aspettava, cosa che invece fu appurata da Amerigo Vespucci, un altro navigatore di origine italiana, da cui il continente americano prende il nome.

In questa vecchia cartolina si vede un'antica porta della città di Genova e, accanto, la facciata della cosidetta "Casa di Colombo".

Hai mai sentito l'espressione *uovo di Colombo*? Così viene chiamata una soluzione semplice di un problema ritenuto insolubile. Questo aneddoto spiega la nascita di questa espressione idiomatica.

A un pranzo Cristoforo Colombo sentiva parlare del suo viaggio e della grande scoperta dei nuovi territori, come di un'impresa estremamente facile.
"Certo", intervenne il navigatore, "proprio come far stare diritto questo uovo sulla tavola. Provate, se siete capaci."
I commensali, pur provandoci ripetutamente, non riuscirono nell'intento. Allora Colombo schiacciò la punta dell'uovo, che ebbe così una base su cui poggiare.
"Così l'avremmo saputo fare anche noi!" protestarono tutti.
"Appunto", replicò Colombo, "vi è tutto facile, quando avete visto come si fa."

Questo famoso ritratto di Colombo (Ridolfo Ghirlandaio, 1520) è esposto al Museo Galata di Genova.

Paesaggio ligure

LO SAI?

La più antica squadra di calcio italiana è fondata nel 1893 dal medico inglese James Spensley e si chiama *Genoa*. L'altra squadra di calcio genovese è la *Sampdoria*.

Genova è anche la "patria" dei blue-jeans. La tela comunemente chiamata *jeans* proviene da un tipo di tessitura per la copertura delle navi. Il tessuto blu, molto resistente ed economico, veniva utilizzato dagli operai del porto anche come grembiule. Il nome *jeans* deriva dalla storpiatura inglese del termine francese *Gênes* (in francese antico *Jennes,* o *Gennes*), Genova appunto. Da Genova questo tessuto veniva importato negli Stati Uniti d'America con il nome commerciale di *Jeans fustian*, "fustagno di Genova" (fustagno è un tessuto pesante), divenuto poi nell'uso corrente *blue-jeans*, o semplicemente *jeans*.

IL FESTIVAL DI SANREMO
presente, passato prossimo

Sanremo (è corretta anche l'ortografia San Remo) è un centro turistico ligure, una città che appena supera 55 mila abitanti. Il suo nome è conosciuto in tutto il mondo grazie al Festival della canzone italiana, una manifestazione canora nata nel 1951. La prima edizione del Festival è stata vinta da Nilla Pizzi con la canzone *Grazie dei fior*.

Il Festival si tiene ogni anno al Teatro Àriston tra la fine di febbraio e il marzo. Durante la competizione diversi interpreti propongono delle canzoni composte da autori italiani che vengono votate da una giuria o dal pubblico.

Attualmente il Festival è spesso accusato di essere diventato un evento, in cui la musica ha sempre meno spazio e importanza. Il giornalista Roberto Levi scrive: "Negli ultimi anni il vero spettacolo non è più stata la gara fra cantanti e canzoni ma quella disputata tra reti televisive scatenate a caccia di curiosità, gossip, polemiche..." Ne consegue l'abbassamento del livello del Festival che raramente ospita i veri "grandi" cantanti.

Eppure in oltre 50 anni di storia, al Festival ha partecipato la maggior parte dei nomi celebri della canzone italiana. Il record di vittorie (quattro) appartiene a Claudio Villa e a Domenico Modugno. Iva Zanicchi è invece la donna che ha vinto più volte (tre).

?

8.4 Per quale produzione è famosa la città di Sanremo?

LA TERRA DELLA MUSICA
presente, passato prossimo

La Liguria non a caso ospita una grande manifestazione canora come il Festival di Sanremo. Questa terra è sempre stata ricca di talenti e da qui vengono molti nomi importanti della cultura artistica italiana.

A Genova è nato uno fra i maggiori violinisti di tutti i tempi, Niccolò Paganini. Genova è anche la patria di molti famosi cantautori (i nomi più importanti sono quelli di Fabrizio De André, Bruno Lauzi, Gino Paoli).

Fabrizio De André è stato uno fra i più conosciuti ed amati cantautori italiani. Le sue canzoni danno voce alla gente emarginata e spesso assumono la forma di una leggenda, una storia favolosa e ricca di metafore. Nel 1979 l'artista è stato rapito in Sardegna. L'esperienza del sequestro, durato quattro mesi, ha arricchito la sua conoscenza della vita della gente sarda, ispirandogli diverse canzoni. Così è nato uno dei suoi più bei dischi, quello conosciuto come *L'indiano*. Tra le allusioni all'esperienza del sequestro è la canzone *Hotel Supramonte* (con questa locuzione i sardi chiamavano "l'industria dei sequestri"). Altre conosciute canzoni di De André sono: *Amore che vieni amore che vai, La canzone di Marinella, Bocca di Rosa, Via del Campo*.

?

8.5   Quale grande poeta italiano, premio Nobel per la letteratura del 1975, è nato a Genova?

8.6   In terra ligure è cresciuto anche un altro grande scrittore italiano del Novecento; qui si svolge l'azione di molti suoi libri, tra cui la famosa trilogia composta da romanzi *Il visconte dimezzato, Il barone rampante* e *Il cavaliere inesistente*. Di quale scrittore si tratta?

IL SAPORE DEL MARE
presente, passato prossimo, imperfetto

Le cittadine liguri hanno saputo unire la tradizione contadina al richiamo del mare.

L'antico borgo marinaro di Portofino, famoso per il suo straordinario equilibrio di paesaggio naturale e quello urbano, oggi è diventato il centro della mondanità, del turismo elitario, degli yacht. Il nome di Portofino viene probabilmente da *Porthus Delphini*. I delfini: così i greci chiamavano gli abitanti di questo posto per l'abilità con cui navigavano. O forse si tratta di un riferimento alla forma del promontorio che, nella sua estremità, ricorda la sagoma di un delfino: il delfino che cinge la minuscola baia piena di case colorate. Il *monte*, come viene chiamato localmente, è l'unico esempio di promontorio di dimensioni tanto vaste in tutta la Liguria. Spingendosi verso il mare aperto per quasi quattro chilometri, separa il golfo Paradiso, a ovest, dal golfo del Tigulio. Il versante orientale degrada dolcemente formando le vallate di Rapallo e Santa Margherita. Il fianco occidentale è caratterizzato da una cresta che scende dalla vetta verso Camogli (una delle etimologie del nome: *ca' a muggi*, ovvero "case a mucchi").

IL CRISTO DEGLI ABISSI: LA STATUA SOMMERSA
presente

Una statua bronzea di circa 3 metri d'altezza calata a 17 metri di profondità nel 1954, le braccia e lo sguardo levati verso la superficie, protegge la vita marina. Il luogo in cui la statua è collocata, davanti al monastero di San Fruttuoso, è molto frequentato dalle imbarcazioni, specie a fine luglio, quando ha luogo la cerimonia del Cristo degli abissi che consiste in una messa notturna sulla spiaggia di San Fruttuoso e nella fiaccolata dei subacquei fino alla statua sommersa.

LA CUCINA LIGURE
presente

La cucina ligure è basata su prodotti che vengono dalla terra e dal mare: ortaggi da un lato e il pesce e i frutti di mare dall'altro.

La ricetta più caratteristica e famosa è senz'altro il *pesto* (salsa a base di basilico, pinoli, aglio, formaggio pecorino e olio di oliva). Il pesto si aggiunge ad altri piatti, prima di tutto alla pasta, e al *minestrone alla genovese*, una zuppa di ortaggi.

EMILIA-ROMAGNA
presente, passato prossimo, imperfetto

L'EMILIA-ROMAGNA è una regione dell'Italia settentrionale, che si trova tra Lombardia e Veneto (a nord), Piemonte e Liguria (a ovest), Toscana e Marche (a sud). A est è bagnata dall'Adriatico. Nei confini di questa regione è compreso il territorio della Repubblica di San Marino. Il capoluogo dell'Emilia-Romagna è Bologna. Ma questa città non è assolutamente dominante per dimensioni e caratteristiche produttive: altri centri importanti sono Ferrara, Modena, Parma, Piacenza, Ravenna, Rimini, Reggio nell'Emilia.

La regione deve il suo nome alla romana via Emilia che collegava le città di Placentia (Piacenza) e di Ariminum (Rimini). Il nome *Emilia* cade in disuso nell'età medioevale e viene ripreso solo nel XIX secolo, mentre il termine *Romagna* risale all'invasione longobarda (VI secolo). Questo termine indicava tutto il territorio del dominio romano d'oriente in Italia; è stato aggiunto ufficialmente alla denominazione Emilia nel 1947. Sottomessa all'Impero Bizantino (550 – 751 circa), ad eccezione della parte occidentale occupata dai longobardi, questa terra passa successivamente ai re franchi e, in seguito, allo Stato della Chiesa. Dal Cinquecento la regione è divisa tra lo Stato della Chiesa, il ducato di Modena e Reggio e quello di Parma e Piacenza.

L'Emilia-Romagna vanta un'efficiente agricoltura, ma è anche un importante centro industriale e dei servizi turistici. I *lidi romagnoli* (asse Ravenna – Rimini – Riccione) sono una delle più importanti zone turistico-balneari del mondo. Di rilievo sono anche turismo d'arte, quello termale e quello enogastronomico (che riguarda arte culinaria e vini).

?

9.1 Come vengono chiamati gli abitanti di...

Emilia-Romagna, Bologna, Ferrara, Modena, Parma, Piacenza, Ravenna, Rimini, Reggio nell'Emilia?

9.2 Completa il testo, che racconta della Repubblica di San Marino, di parole mancanti.

Il centro del territorio di San Marino, un piccolo stato indipendente, è il monte _____, alto 738 m. L'estensione dello Stato è di 61 kmq, mentre gli abitanti sono circa 28 mila. La lingua ufficiale è _____. I redditi principali vengono dal turismo (la Repubblica è visitata da milioni di persone l'anno). L'unità monetaria ufficiale è _____. San Marino dispone di un prodotto interno lordo pro capite superiore a quello italiano.

Secondo la tradizione, è fondata nel IV secolo dagli schiavi dalmati guidati dall'eremita _____, sfuggiti alle persecuzioni dell'imperatore Diocleziano. Le minacce dell'invasione spingono i sammarinesi a fortificarsi. Nei secoli il territorio si amplia fino a raggiungere, nel 1462, l'estensione attuale. San Marino riesce a salvaguardare la propria indipendenza nonostante le insidie dei vescovi limitrofi, dei Malatesta (signori della vicina città di _____), e dei papi.

Lo stato ha un'antica tradizione di dare il rifugio ai perseguitati. Il più famoso tra tutti fu _____ a cui nel 1849 la Repubblica concesse asilo mentre fuggiva da Roma.

BOLOGNA
presente, passato remoto, imperfetto, passato prossimo

Bologna è una città di antichissima origine. Fu colonia romana, particolarmente florida dopo la costruzione della via Emilia, strada costruita per iniziativa di Emilio Lepido, console romano, la quale passava per Bologna.

Dal 1114 la città è un libero comune. Nel Cinquecento passa allo Stato pontificio, per essere poi annessa al Regno d'Italia nel 1860.

Per la sua università la città è chiamata *la Dotta*. L'università di Bologna, che esiste dal XI secolo, è la più antica d'Italia e probabilmente anche la prima dell'Europa. Fra i tanti allievi illustri c'è Niccolò Copernico, astronomo polacco che studiò in Italia. Ancora oggi Bologna è meta per studenti che vengono qui da lontano.

Anche i turisti hanno buone ragioni per visitare Bologna. In Piazza Maggiore si trova la quinta chiesa più grande del mondo, la basilica di San Petronio (il patrono della città) e la famosa fontana del Nettuno, opera di Giambologna.

Nel Medioevo Bologna (come molte atre città dell'Italia) contava moltissime torri: se ne sono salvate solo poche. Erano il segno della potenza delle singole famiglie ed espressione del clima tutt'altro che pacifico all'interno delle mura cittadine. Oggi Bologna è famosa per le due torri pendenti. La torre più alta è quella degli Asinelli, che prende nome da un'antica famiglia. La seconda torre si chiama la Garisenda. La più pendente delle due, la Garisenda, è citata più volte da Dante, nella *Divina Commedia* e nelle *Rime*.

Un altro simbolo della città sono i portici che si trovano in quasi tutte le vie del centro e proteggono i passanti dal sole e dalla pioggia.

Oggi Bologna è un importante centro commerciale e il secondo polo fieristico del paese dopo Milano.

?

Di quali città si tratta?

9.3

Dalla seconda metà del Duecento questa città è governata dalla famiglia degli Este. Diventa uno dei principali centri del Rinascimento.

La cattedrale di San Giorgio è famosa per le decorazioni della Porta dei Mesi, l'imponente ingresso di cui rimangono le "formelle dei mesi", conservate all'interno del museo della cattedrale.

Importante centro umanistico, ospita alla corte estense i maggiori poeti italiani del Quattrocento e Cinquecento: Matteo Maria Boiardo, Ludovico Ariosto e Torquato Tasso, nonché i grandi pittori del suo tempo.

È la città di Giorgio Bassani, autore di famosi romanzi, tra cui *Il giardino dei Finzi-Contini* (1962), che ricorda le persecuzioni degli ebrei in seguito alle "leggi razziali" emanate nel 1938 dal governo fascista.

9.4

Una città antica, nata come un insediamento etrusco, all'inizio del IV secolo d.C. diventa la capitale dell'Impero Romano d'Occidente e in seguito capitale del regno ostrogoto. Nel VI secolo è conquistata dai bizantini. I primi secoli dell'età cristiana la città vive un'epoca di fioritura culturale. In questo periodo si elabora un linguaggio originale nell'architettura sacra e nell'arte figurativa. Sono famosi i mosaici parietali (in particolare nei mausolei di Galla Placidia e di Teodorico, nelle chiese di Sant'Apolinare in Classe e San Vitale).

Nel XIII secolo la città comincia a decadere a causa dell'insabbiamento del porto e della rivalità di Venezia, che presto la sottomette. Qui passa gli ultimi anni della sua vita Dante, trovando asilo presso Guido Novello da Polenta, il signore della città. In questo luogo il grande poeta muore e trova sepoltura.

9.5

È la città italiana più vicina alla Repubblica di San Marino. È situata sulla costa adriatica, che si presenta come una larghissima spiaggia, le cui acque sono molto basse e quindi particolarmente adatte alla balneazione. Ma è anche una città ricca di storia, spesso chiamata anche la *città malatestiana*, dal nome dei Malatesta, signori nel XIV e XV secolo.

9.6

La splendida cattedrale di questa città è un esempio di arte romanica, opera di due grandi artisti, Lanfranco e Wiligelmo. Dal XIV secolo fino all'unità d'Italia la città è retta dagli Este.

I LUOGHI VERDIANI
presente, passato prossimo, imperfetto, passato remoto

Busseto, in provincia di Parma, è luogo natale di Giuseppe Verdi. La casa, dove il compositore nacque nel 1813, si trova a pochi chilometri dal paese. Attualmente questa casa, che era una locanda e osteria, è stata riportata all'atmosfera di allora. Di fronte, nella chiesa di San Michele, Verdi imparò da ragazzo a suonare l'organo, custodito qui ancora oggi. Carlo, il padre di Verdi, faceva l'oste; sua madre nell'atto di nascita di Giuseppe è registrata come filatrice.

Un altro luogo importante a Busseto è casa Barezzi: qui abitava Antonio, ricco droghiere, suocero e primo mecenate di Verdi ("A lui devo tutto, tutto, tutto", scrisse il maestro).

Nel 1839 Verdi debuttò alla Scala con la sua prima opera, *Oberto conte di San Bonifacio*, preludio al trionfo di *Nabucco*, nel 1842. Tra il 1844 e il 1850 il compositore scrisse ben 11 opere, diventando il dominatore incontrastato del teatro lirico italiano.

Rimasto vedovo, Verdi acquistò il palazzo Orlandi a Parma dove abitò con la cantante Giuseppina Strepponi. La convivenza, e il dubbio passato di lei, scandalizzarono molti: la donna veniva evitata per la strada ed insultata. Qui vennero scritti *Rigoletto* e *Trovatore*, prima della "fuga" nella villa di Sant'Agata.

In località di Sant'Agata si può visitare residenza estiva di Verdi, che ancora conserva arredi originali e numerosi oggetti appartenuti al maestro. Il gran parco che la circonda fu progettato e curato personalmente dal compositore.

Giuseppe Verdi morì a Milano il 27 gennaio 1901 nel suo appartamento al Grand Hotel et de Milan, dove ancora oggi la sua suite, numero 105, è rimasta come allora. Era il più popolare e amato dei compositori italiani. Oggi è l'operista maggiormente rappresentato nel mondo.

La casa paterna di Giuseppe Verdi

LO SAI?

Negli anni del Risorgimento il genio di Verdi è l'espressione dell'aspirazione italiana all'indipendenza e unificazione. I brani delle sue opere vengono adottati, nel clima patriottico di quegli anni, come inni risorgimentali. Per i patrioti italiani il cognome "Verdi" diventa una sigla che è svolta in questo modo: Vittorio Emanuele Re d'Italia.

Ancora oggi la musica del compositore suscita in italiani le emozioni di orgoglio nazionale. Negli anni Novanta del Novecento è sorta la proposta (che non è stata accolta) di sostituire *Fratelli d'Italia* con il *Va' pensiero* (celebre aria dal *Nabucco* di Giuseppe Verdi) come inno della nazione italiana.

?

9.7
Da quali opere di Giuseppe Verdi sono tratte queste famose frasi e in quali situazioni vengono citate?

Brindiam nei lieti calici!

Cortigiani vil razza dannata...

Croce e delizia.

La donna è mobile.

Sì vendetta, tremenda vendetta!

GIOVANNI PASCOLI
presente, passato prossimo

Giovanni Pascoli, nato nel 1855 a San Mauro di Romagna (vicino a Forlì), è stato uno dei maggiori poeti italiani.

La sua poesia è fortemente condizionata dai ricordi d'infanzia segnata da eventi drammatici come l'uccisione del padre e perdita di altri familiari. Il poeta malinconico, ha regalato alla letteratura italiana versi ricchi di musicalità e umanità. Costretto dalla sua professione di docente universitario a lavorare in città (tra le altre Bologna e Firenze), Pascoli evoca nella sua poesia la natura, la campagna dove è cresciuto, il mondo agreste visto come "paradiso perduto".

RIMINI: LA CITTÀ DEI VITELLONI
presente

Anche se per molti il nome di Federico Fellini è legato prima di tutto a Roma, dove lavora e alla quale dedica molti dei suoi film, la città natale del regista è Rimini.

La parola *amarcord*, scelta da Fellini come titolo di uno dei suoi film, è una voce dialettale romagnola ("mi ricordo") che significa profondità o nostalgia di ricordi. *Amarcord* è un film ambientato a Rimini degli anni '30: un affresco dell'Italia tra le due guerre, che porta al regista un Oscar (il quarto per Fellini) come miglior film straniero. L'ambientazione viene interamente ricostruita a Cinecittà, a Roma (il regista preferisce girare i suoi film in questi studi cinematografici, spesso ricreando ambienti della Roma stessa, anziché girare le scene in una vera città; ancora oggi a Cinecittà si possono vedere alcune delle sceneggiature create per i film di Fellini).

Un'altra espressione dialettale che entra in italiano grazie ai film di Fellini è *vitelloni*: vengono chiamati così i giovani, specie di provincia, privi di ideali e serietà e dediti a una vita oziosa e fatua.

IL PAESE DI BENGODI
presente, passato prossimo

Per la sua ottima cucina, varia e opulenta, Bologna è anche chiamata *la Grassa*. I suoi piatti tipici sono a base di carne (in particolare maiale) e pasta all'uovo: i tortellini, le lasagne, il ragù (spesso usato per condire la pasta).

La *mortadella* è salume fabbricato con carne mescolata con cubetti di lardo, aromatizzata e cotta. Il famoso prosciutto crudo spesso è chiamato semplicemente *parma*. Il *culatello* è un salume fatto dalla coscia del maiale.

Oltre ai salumi, questa terra è famosa per i suoi formaggi. Il *parmigiano* (detto anche *parmigiano reggiano*), il formaggio duro, fu eretto a simbolo del leggendario *paese di bengodi*, paradiso terrestre immaginario, da Giovanni Boccaccio. A seconda della stagionatura (che non può durare meno di dodici mesi) lo si definisce "nuovo" quando non arriva a 18 mesi di invecchiamento, "vecchio" se ha fra 18 e 24 mesi, "stravecchio" se è maturato da due a tre anni. Viene chiamata *parmigiana* una preparazione culinaria in cui è presente il formaggio parmigiano. Una ricetta famosa è la *parmigiana di melanzane*, o *melanzane alla parmigiana*: melanzane affettate e infarinate, disposte in tegame a strati, condite con burro, parmigiano grattugiato e salsa di pomodoro, e cotte al forno.

TOSCANA

TOSCANA
presente, passato prossimo, futuro

La TOSCANA è una delle maggiori regioni italiane per numero di abitanti e dimensione. È famosa per la bellezza del suo paesaggio e per l'incomparabile ricchezza del suo patrimonio storico e artistico. Si può dire che è una delle regioni che presenta una maggiore identità.

Situata al centro d'Italia, la Toscana confina a nord-ovest con la Liguria, a nord con l'Emilia-Romagna, a est con le Marche e l'Umbria, a sud con il Lazio. Ad ovest è bagnata dal mar Ligure e dal mar Tirreno. A questa regione appartengono anche numerose isole: Capraia, l'Elba, Montecristo e altre. Sia a nord che a est la Toscana è attraversata dagli Appennini, ma il territorio è prevalentemente collinare. La più alta vetta è il monte Amiata di origine vulcanica (1734 m). Il fiume principale è l'Àrno.

Il capoluogo della regione è Firenze, ma molte delle città toscane hanno avuto una lunga storia di splendore economico e culturale: Arezzo, Siena, Livorno, Lucca, Massa-Carrara, Pisa, Pistoia, Prato.

La Toscana ha un ruolo di grandissima importanza nel processo della formazione dell'identità culturale e della lingua italiana: qui nasce la cultura del Rinascimento, che coinvolgerà tutta l'Europa, in toscano creano le loro opere i maggiori scrittori considerati fondatori della letteratura e lingua letteraria italiana.

Il paesaggio toscano è l'esempio di una meravigliosa convivenza tra la natura e l'uomo con le sue attività. Mare di colline cosparso di viti, ulivi, cipressi e piccoli borghi, la Toscana vanta una lunga tradizione agricola che risale ancora agli etruschi.

Questa terra attrae i turisti da tutto il mondo non solo per la sua bellezza e per il suo patrimonio culturale. Qui si praticano anche il turismo termale e balneare.

?

10.1 Come viene chiamato chi abita in...

Toscana, Firenze, Arezzo, Siena, Livorno, Lucca, Pisa?

GLI ETRUSCHI, POPOLO MISTERIOSO
presente, imperfetto, condizionale presente, passato prossimo

Secondo un'ipotesi, il nome della Toscana ha la stessa radice della parola *tirreni*, con cui originariamente venivano chiamati in greco gli etruschi. Da qui nascerebbe il nome di questa terra, *Etruria*, o *Tuscia*, per trasformarsi nei secoli in *Toscana*.

Gli etruschi abitavano nell'Italia centrale prima dell'arrivo dei romani. Ma qual è la loro origine? Nessuno può rispondere a questa domanda con certezza. Secondo alcuni storici, gli etruschi vengono dall'Asia Minore, secondo altri sono un popolo autoctono*. La lingua etrusca, di cui si sono conservate numerose testimonianze, soprattutto scritte brevi, è decifrata solo in parte. La questione dell'origine degli etruschi è stata a lungo dibattuta dagli studiosi, anche se la risposta a questa domanda probabilmente non ha un'importanza così grande: la cultura etrusca in ogni caso si forma in Italia.

Un altro fenomeno, misterioso quanto l'origine di questo popolo, è la sua improvvisa scomparsa dalla storia. Dal V secolo a.C. gli etruschi lottano contro Roma. Secondo gli storici, nei secoli che seguono, questo popolo viene militarmente sconfitto e progressivamente assimilato dai romani.

Gli etruschi raggiungono, tra i popoli dell'Italia preromana, il livello più alto di civiltà ed anche la maggiore potenza politica. Il massimo di prosperità e di espansione è toccato verso la metà del VI secolo a.C., mentre la fine della civiltà etrusca può essere collocata nel I secolo a.C. Gli etruschi hanno una florida e sviluppata agricoltura. Molte delle città dell'Italia centrale sono fondate da questo popolo.

L'alto prestigio degli etruschi è documentato dalle numerose tracce lasciate dalla loro cultura nella religione, negli usi, in istituti ed edifici di

Roma. I primi re romani della dinastia dei Tarquini sarebbero di provenienza etrusca. L'arco, un elemento importantissimo nell'architettura romana, è una struttura di origine orientale che viene importata in occidente dagli etruschi e da loro passa ai romani.

un popolo autòctono – stanziato da epoca remota in un territorio che viene considerato la sua terra nativa

LO SAI?

Si sa poco della struttura grammaticale della lingua etrusca, testimoniata da molti testi, che però presentano per gli studiosi difficoltà di decifrazione. Sicuramente è una lingua non indoeuropea. L'etrusco viene assimilato dal latino, senza influenzarlo molto e facendo entrare nel latino solo alcuni prestiti e nomi di luoghi. Qui riportiamo due curiosi esempi delle parole derivate, secondo gli studiosi, dall'etrusco.

La parola latina *satelles* è un prestito dall'etrusco (in questa lingua indica le guardie del corpo dell'ultimo re di Roma Tarquinio il Superbo); e con questo preciso significato è ripreso nell'italiano *satellite* dal Quattrocento. All'inizio del Seicento, quando Galileo scopre i primi quattro satelliti di Giove, il termine viene usato per la prima volta in astronomia.

Populus, una parola importantissima per la vita politica e sociale di Roma antica, di cui l'italiano *popolo* è la continuazione, è quasi certamente di origine etrusca. Lo storico latino Tito Livio la usa per denominare le 12 città confederate dell'Etruria. *Pupluna* era il nome di un centro e porto etrusco. Questo prestito è un riflesso della forte influenza culturale e politica etrusca su Roma.

Alcune parole latine relative al teatro derivano dalla lingua degli etruschi: *histrio* (attore), *persona* (maschera). In italiano di oggi la parola *istrione*, oltre a indicare un attore nell'antica Roma, si usa per definire chi si comporta in maniera poco sincera e teatrale.

La parola *persona* significa "individuo", ma può essere usata anche nel linguaggio relativo al teatro quando si parla dei personaggi di un dramma: *le persone della tragedia*.

FIRENZE
presente

La storia di Firenze comincia nel 59 a.C., con la fondazione di un villaggio per ex-soldati romani. Le sponde del fiume Arno, coperte di fiori (probabilmente fiori di iris), danno il nome alla città: *Florentia* (fiorente). Il simbolo di Firenze è un fiore, cosiddetto *giglio*.

Nel periodo medioevale la città si sviluppa e diventa un comune autonomo. Nel XIII secolo Firenze è divisa dalla lotta intestina tra i ghibellini, sostenitori dell'imperatore tedesco, e i guelfi, a favore del papato romano. Quando questi ultimi vincono, si dividono in "bianchi" e "neri". La conflittualità politica interna non impedisce alla città di svilupparsi fino a diventare una delle più potenti e prospere in Europa, con la sua propria valuta in oro, il fiorino. La moneta è chiamata così per il giglio impresso sul dritto.

Sotto il dominio della famiglia dei Medici Firenze è un importante centro commerciale e finanziario. Qui nasce e si sviluppa un movimento culturale che cambia la mentalità, l'arte e il modo di vivere europeo. Il termine *Rinascimento*, con cui adesso definiamo questo processo, è introdotto dallo storico J. Michelet nel 1855.

Dopo l'estinzione della dinastia dei Medici, nel 1737, la Toscana viene inclusa nei territori della corona austriaca ed entra nel Regno d'Italia nel 1861. È la capitale d'Italia per un breve periodo dopo l'unificazione (1865 – 1870).

Oggi Firenze è meta per turisti, attratti dai gioielli d'arte rinascimentale. La Galleria degli Uffizi è uno dei musei d'arte più rinomati al mondo. Firenze conta anche altri musei importantissimi: il Bargello si concentra sulla scultura e ospita molti capolavori di Donatello, Giambologna e Michelangelo; la collezione dell'Accademia custodisce il *David* di Michelangelo e i suoi *Schiavi*.

La gemma architettonica di Firenze è la cattedrale di Santa Maria del Fiore, conosciuta semplicemente come il Duomo. Il Palazzo Vecchio, costruito come una fortezza, dà sulla famosa piazza con la Fontana di Nettuno. Il vero simbolo della città è il Ponte Vecchio, caratteristico per la moltitudine di piccoli negozi costruiti su di esso.

Sull'altra riva dell'Arno (*Oltrarno* per i fiorentini) si trovano il Palazzo Pitti, decorato con la collezione privata dei Medici, e il Giardino di Boboli, famoso per le sue sculture.

La chiesa di Santa Croce contiene le tombe monumentali di Galileo, Michelangelo e un monumento a Dante (seppellito a Ravenna).

LA CUPOLA DI SANTA MARIA DEL FIORE
presente, passato remoto, imperfetto

Firenze è chiamata *la città del Fiore*, con allusione al giglio, suo simbolo, e all'etimologia del suo nome latino. Anche la cattedrale della città porta il nome di Santa Maria del Fiore. Il vicino campanile è opera di Giotto, mentre la cupola della cattedrale fu progettata da Filippo Brunelleschi.

Brunelleschi realizzò un progetto "impossibile" dal punto di vista tecnico: una cupola del diametro di oltre 44 metri (più larga di quella del Pantheon di Roma) e più alta di qualsiasi cupola gotica. Tradizionali travature di legno erano in questo caso impraticabili. Brunelleschi inventò una doppia cupola in mattoni; creò un gioco di spinte e controspinte attraverso catene inserite a determinate altezze: segreti che permisero di costruire questa famosa cupola.

?

10.2 I simboli araldici di Firenze sono il giglio e il leone, chiamato Marzocco: come sono e che significato hanno?

LA CITTÀ MEDICEA
presente, futuro, condizionale presente

I Medici sono una famiglia di origine popolana, arricchita con il commercio. Gli studiosi legano il cognome dei signori fiorentini all'attività "medica" dei primi esponenti della famiglia, e questa versione trova la conferma nello stemma del casato: le palle poste una sull'altra che simboleggerebbero le pillole. L'inizio della signoria medicea è dato da Cosimo il Vecchio (1389 – 1464) che, anche senza titolo formale, la rende ereditaria. Gli succede il figlio Piero e, dopo, Lorenzo detto il Magnifico.

Per Firenze è un'epoca di splendore. I Medici, e Lorenzo in particolare, sono mecenati e contribuiscono molto alla fioritura delle belle arti, rendendo la città il centro di quello che successivamente sarà chiamato il *Rinascimento*. Lorenzo è anche un prolifico poeta.

Dal XV secolo Firenze comincia a prevalere sulle altre città toscane. Nel 1555 riesce ad abbattere la repubblica di Siena, il suo avversario più potente, unificando quasi tutta la Toscana.

All'inizio del Cinquecento Alessandro Medici ottiene il titolo di duca, mentre il suo successore Cosimo I detto il Grande viene nominato granduca di Toscana.

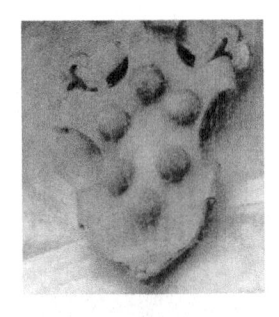

Lo stemma dei Medici

LO SAI?

Le sei palle, cinque di color rosso e una azzurra, sormontate da tre gigli d'oro, costituivano lo stemma dei Medici.

La locuzione toscana *fare a palle o santi* (in italiano si dice *a testa o croce*) si riferisce a quelle monete sulle cui facce erano raffigurati rispettivamente le palle medicee e san Giovanni Battista, il patrono della città di Firenze.

Testa o croce è un gioco che consiste nel gettare in aria una moneta; vince chi ha scelto la faccia della moneta che risulta rivolta verso l'alto.

L'ITALIANO, LINGUA TOSCANA
presente, imperfetto, passato prossimo

La letteratura e la lingua italiana nascono insieme, quando i primi autori – famosi e apprezzati già in vita – cominciano a comporre le loro opere non solo in latino, lingua che ormai nessuno usa nella comunicazione quotidiana, ma in volgare, lingua parlata dalla gente (dal latino *vulgus* – popolo).

In Italia, divisa in molti stati, non c'era un volgare, ma molti, diversi tra loro. Ma il fatto che gli autori le cui opere hanno avuto il maggiore successo e un grande numero di imitatori scrivessero in varietà toscana e, più precisamente, in quella fiorentina, ha elevato la lingua che si parlava a Firenze a ruolo della lingua letteraria. I "padri" della lingua e letteratura italiana sono considerati Dante Alighieri, Francesco Petrarca e Giovanni Boccaccio. Gli scrittori delle epoche successive, nella ricerca di una lingua comprensibile in tutta la penisola, si rivolgevano alle opere dei grandi fiorentini.

DANTE ALIGHIERI, IL GHIBELLIN FUGGIASCO
presente, futuro

Dante Alighieri nasce nel 1265 a Firenze in una famiglia della piccola nobiltà. Partecipa al governo del Comune fiorentino e nel 1300 viene eletto priore, uno dei magistrati incaricati del governo della città. È un periodo in cui a Firenze si fronteggiano due fazioni politiche: guelfi bianchi e guelfi neri. Dante si schiera da parte dei guelfi bianchi, ma dopo l'arrivo al potere dei guelfi neri viene condannato a morte. Questo accade mentre il poeta è assente della sua città. Non tornerà mai a Firenze, di cui serba una amara e acuta nostalgia. Cominciano le sue lunghe peregrinazioni, che segnano tutta la sua vita e per le quali viene chiamato *ghibellin fuggiasco*.

Sosta presso le corti dei signori di diverse città dell'Italia centro-settentrionale. Si ferma a lungo a Verona, ospite della famiglia Della Scala; a Cangrande Della Scala dedica il *Paradiso*, la terza cantica della sua *Commedia*. Il poeta muore nel 1321 a Ravenna, dove viene sepolto nella cappella di San Francesco che ancor oggi conserva le sue spoglie. Ma è Firenze ad essere chiamata *la città del sommo poeta*.

Dante inizia la sua carriera letteraria intorno ai 18 anni. Tra le sue opere più famose è la *Vita Nuova*, una raccolta di testi in onore di Beatrice, donna che il poeta incontra all'età di nove anni, di cui s'innamora e la quale muore giovane. Questo incontro e l'esistenza reale di Beatrice sono ritenuti fatti storici.

In esilio Dante comincia il lavoro sulla sua opera più celebre, la *Commedia*, che conclude poco prima della morte. La *Commedia*, amatissima in tutta l'Italia, è conosciuta anche a Firenze, dove viene letta in piazza. Uno dei lettori più famosi del passato è un altro grande scrittore, Giovanni Boccaccio. La leggenda vuole che è lui ad aggiungere per primo al titolo dell'opera, chiamata *Commedia*, o *Comedia*, l'aggettivo *divina*.

Il protagonista dell'opera è lo stesso Dante che compie un viaggio nell'oltretomba, in tre regni ultraterreni: l'Inferno, il Purgatorio, il Paradiso. Ad accompagnarlo in questo viaggio sono Virgilio, il massimo poeta latino (il quale attraversa con il poeta l'Inferno e il Purgatorio), e Beatrice, la donna cantata nella *Vita Nuova*. Durante il viaggio Dante incontra personalità storiche, personaggi dei poemi antichi e della Bibbia e molti suoi contemporanei. Ambienta il poema nel 1300, mentre la stesura della *Commedia* comincia più tardi, forse nel 1307, il che consente al poeta di fare previsioni per il futuro, per esempio prevedere il proprio esilio. Il viaggio dura sette giorni e ci dà la possibilità di conoscere la realtà, la società e la cultura dell'epoca contemporanea al poeta.

Dell'aspetto fisico di Dante ci dà un quadro vivissimo il Boccaccio, che fu il suo primo biografo. Il poeta, secondo Boccaccio, fu di media statura ed ebbe il volto lungo e il naso aquilino. Questi tratti fisici sono tramandati da una serie di ritratti, tra cui il primo è attribuito a Giotto, che del poeta fu amico in gioventù a Firenze.

Il ritratto di Dante attribuito a Giotto (un'elaborazione grafica), Palazzo del Bargello, Firenze, 1330 – 1337 circa

?

10.3 Molte frasi della *Commedia* di Dante sono diventate provverbiali. In quali situazioni si usano? E in quale contesto le usa Dante?

Galeotto fu il libro e chi lo scrisse.

Io era tra color che son sospesi... *suspended*

Lasciate ogni speranza, voi ch'entrate!

Ora incomincian le dolenti note...

Qui si parrà la tua nobilitate!

Senza infamia e senza lode.

Ahi serva Italia, di dolore ostello!

Cura degli infermi, Domenico di Bartolo, ospedale Santa Maria della Scala (1441)

SIENA
presente, passato remoto, imperfetto, passato prossimo, futuro, condizionale passato

 Secondo la leggenda, Aschio e Senio, figli di Remo, fratello di Romolo, fondatore della città di Roma, furono costretti a fuggire dopo l'uccisione del padre. La loro fuga sarebbe finita con la fondazione di Siena, che in realtà doveva già essere un nucleo abitato etrusco. In ricordo alle origini romane della città, l'immagine della Lupa è stata riprodotta per secoli su palazzi e affreschi ed è divenuta uno dei simboli di Siena.

 Nel Medioevo lo sviluppo e l'importanza della città sono legati alla Via Francìgena, che porta i pellegrini dall'Inghilterra a Roma, attraversando il regno dei franchi. La Via offre ai viandanti chiese e ospedali e Siena è un punto di passaggio obbligato, tanto da essere definita *figlia della strada*. All'interno delle mura cittadine vengono costruiti molti ospedali, tra cui la splendida Santa Maria della Scala. La parola *ospedale*, entrata in molte lingue del mondo, non significa a quel tempo solo luogo destinato all'assistenza sanitaria, ma ospizio per forestieri, asilo.

Siena ha saputo resistere all'espansione fiorentina fino al 1555. La città ha conservato lo stile gotico acquisito tra il XII e il XV secolo, il periodo in cui fu una delle più floride metropoli d'Europa dal punto di vista economico e culturale. Le opere di Duccio, i fratelli Lorenzetti e Simone Martini hanno influenzato il corso dell'arte italiana ed europea.

Siena, come molte altre città toscane, è divisa in contrade (così qui sono chiamati i rioni cittadini). Le diciassette contrade senesi portano il nome di un animale, vero o fantastico: chiocciola, oca, liocorno... Due volte all'anno, il 2 luglio e il 16 agosto, le contrade disputano il Palio, una corsa di cavalli, in Piazza del Campo. La preparazione di questo evento dura tutto l'anno. Le contrade cercano di trovare il fantino migliore, si prepara il corteo che accompagnerà il Palio. La gara sarà vinta dal cavallo che arriverà per primo al traguardo dopo i tre giri del campo (anche se arriverà senza il cavaliere). Non sono rari i casi in cui la gara è vinta da un cavallo senza fantino. Delle diciassette contrade della città solo dieci, estratte a sorte, partecipano, con cavalli anch'essi assegnati a estrazione. Dopo il sorteggio, cavalli e fantini ricevono la benedizione. Ogni contrada ha una contrada-avversario. È importante la vittoria della propria contrada, ma anche la sconfitta della contrada nemica. Dopo la manifestazione i vincitori si trovano a banchetto per le vie cittadine.

Piazza del Campo durante il Palio

LO SAI?

La parola *palio* viene usata non solo quando si tratta del Palio di Siena: è, in generale, un drappo prezioso assegnato come premio in gare o competizioni tradizionali, celebrate in varie città italiane dal Medioevo in poi; quindi, la gara o la competizione stessa. Oggi si parla di *palio* anche in riferimento al premio in una gara, anche sportiva: si dice *mettere in palio una coppa d'argento*; *è in palio il titolo di campione italiano*.

PISA
presente

Tra l'XI e il XIII secolo Pisa è una potente Repubblica marinara, impegnata in commerci su tutto il Mediterraneo. La piazza del Duomo (Campo dei Miracoli) è un complesso architettonico che comprende, oltre alla basilica, un battistero, un campanile e un camposanto.

Nella basilica sono raccolte numerose opere d'arte, tra cui il celebre pulpito di Giovanni Pisano, gli affreschi attribuiti a Ghirlandaio e un grandioso mosaico di Cimabue. Un altro pulpito, opera di Nicola Pisano, si trova nel battistero. Il camposanto ospita una significativa raccolta di sarcofagi antichi e di vasi greci e etruschi.

Ma il monumento più famoso della città è il campanile, iniziato nel 1173. Il cedimento del terreno si manifesta mentre i lavori di costruzione sono ancora in corso. Appena ultimato il primo piano, i lavori vengono interrotti. Si cerca le soluzioni per compensare l'inclinazione dell'edificio, come quella di costruire piani assimetrici, più alti da una parte e più bassi dall'altra. Nel 1350 la torre è completata, avendo un'altezza di 56 metri, meno di quanto prevedeva il progetto iniziale. L'inclinazione si aggrava nei secoli, facendo diventare la campanile una torre pendente. A questo processo si cerca di porre rimedio con il consolidamento delle fondamenta.

I vecchi dissapori tra gli abitanti delle diverse città toscane che in passato lottarono per la supremazia sulle altre, non sono ancora completamente assopiti. Non dovete stupirvi, dunque, se vi capita di sentire: *Meglio un morto in casa che un pisano all'uscio*.

?

10.4 Quale città toscana è famosa per le sue case a forma di torre?

GALILEO
presente

Galileo, nato a Pisa nel 1564, cambia lo sguardo dell'umanità sull'universo, l'uomo, la natura. Per questo lo chiamano *padre della scienza moderna*. Si occupa di astronomia, fisica (inventa il microscopio), biologia. Osserva i rilievi e i mari lunari e scopre i satelliti di Giove. Inventa il procedimento per determinare il peso dell'aria, scoprendo che pesa poco, pochissimo, ma non zero. Elabora il metodo scientifico moderno, basato sull'analisi dei dati sperimentali, mentre le logiche precedenti sono fondate sull'indiscutibilità delle tradizioni. Afferma che è la Terra a girare attorno al Sole e non viceversa. Ha delle straordinarie intuizioni sulla gravità, aprendo la strada a Newton e Einstein.

Galileo, sicuro che la velocità della luce non è infinita, prova a misurarne il valore, ma, non avendo a disposizione i sofisticati orologi moderni, non riesce nell'impresa.

Nel 1616, il Sant'Uffizio* mette all'indice dei libri proibiti dalla Chiesa Cattolica le opere di Galileo, il quale viene convocato a Roma per rispondere delle sue teorie. Qui lo scienziato prova a difendere le proprie idee dall'accusa di essere contrarie agli insegnamenti della Bibbia. In seguito viene processato per eresia e condannato al carcere a vita, una pena che riesce a far convertire in confino solo abiurando le sue teorie.

Galileo è, infine, assolto dall'accusa di eresia solo nel 1992, 350 anni dopo la sua morte.

Sant'Uffizio – nome con cui è nota la congregazione della curia romana istituita nel 1542 come Congregazione per l'inquisizione

?

10.5   Galileo fu costretto a rinnegare le dottrine sul movimento della Terra, di cui lui era convinto, ma, dopo aver ammesso che la terra fosse piatta e immobile, mormorò sottovoce una famosa frase. Molti studiosi ritengono, però, che questa frase sia apocrifa, cioè falsamente attribuita allo scienziato. Quest'affermazione, comunque, diventò proverbiale e si cita scherzosamente per riaffermare la verità di qualcosa che è appena stato negato o messo in dubbio. Sai di che frase si tratta?

ROBERTO BENIGNI
presente, passato prossimo, congiuntivo presente, condizionale passato

Tra i nomi dei grandi toscani dei nostri giorni spicca quello di Roberto Benigni, attore e regista che non smette di sorprendere. Benigni nasce nella provincia di Arezzo nel 1952. A vent'anni si trasferisce a Roma. Qui comincia la sua carriera dell'attore comico, teatrale e cinematografico. Essere comico per lui è una missione: "Bisogna proteggerli i comici, perché sono come santi, sono un regalo del cielo".

Nel 1991 esce *Johnny Stecchino* che batte il record d'incassi del cinema italiano. Il protagonista, Dante, è un personaggio un po' matto ma semplice e ingenuo, come succede spesso nei film di Benigni. Viene, senza volerlo, coinvolto in una storia poliziesca: la mafia ha condannato un boss alla morte e la moglie di quest'ultimo, notando una strana somiglianza tra il marito e Dante, vuole che lui sia ucciso in un luogo pubblico per fermare la vendetta contro il marito. Questo progetto fortunatamente fallisce. Il film è apparentemente leggero e fa ridere, ma parla di problemi seri come mafia e corruzione.

Anche nel film *Il mostro* il protagonista è coinvolto in una storia poliziesca piena di fraintendimenti: su Loris si indirizzano i sospetti della polizia che dà la caccia ad un efferato maniaco sessuale; alla fine lo identificano nel professore di cinese, che da tempo cerca senza molti successi di insegnare a Loris questa lingua.

Nel 1997 nasce un film diverso da tutti gli altri: storia di un ebreo deportato ad Auschwitz, che cerca di salvare il proprio figlio. *La vita è bella* porta a Benigni il riconoscimento internazionale: viene premiato con il Gran Premio della Giuria al Festival di Cannes e riceve tre Oscar. In questo film, come in molti altri, la protagonista femminile è Nicoletta Braschi, moglie di Roberto Benigni.

"Per me, poi, le cose belle della Toscana sono i fagioli all'uccelletto* e Pinocchio": l'artista fa questa dichiarazione anni prima di realizzare *Pinocchio*, il suo unico film la cui sceneggiatura si basa su una storia letteraria. Pinocchio, dunque, è la scelta di un toscano, tutt'altro che casuale. Non solo: già Fellini vedeva in Benigni un probabile Pinocchio e pensava di girare un film con questo titolo e questo attore. Il film di Fellini forse sarebbe stato molto diverso da quello che realizza Benigni. "È stato un film veramente disobbediente. Non c'era verso di educarlo. Proprio come Pinocchio. E come Pinocchio aveva un cuore grande grande, l'unica cosa che si poteva fare era seguirlo dove voleva lui e volergli tanto bene."

fagioli all'uccelletto sono fagioli preparati con pomodoro, aglio e salvia

LA TERRA DEL VINO
presente, futuro, congiuntivo imperfetto

La Toscana è famosa per i suoi vini: il Chianti, il Brunello di Montalcino, il Nobile di Montepulciano... Tra i vini dolci sono da assaggiare l'Aleatico e il Vin Santo; tra i bianchi la regina è la Vernaccia di San Gimignano.

I turisti che vengono qui comprano il vino e lo portano con loro nelle bottiglie o nei *fiaschi* – grandi contenitori di vetro ricoperti di paglia (oggi qualche volta di plastica) che protegge il fiasco durante il trasporto e gli permette di rimanere autonomamente in posizione verticale. Le origini di questi contenitori risalgono al XIV secolo, ma attualmente si usano sempre più raramente per il loro elevato costo.

Entriamo anche noi in una cantina per gustare il vino insieme alla *bruschetta*, un panino arrostito al fuoco e sfregato con aglio, un tradizionale antipasto toscano. Un anziano vinificatore ci parlerà del vino come se fosse un'opera d'arte o una musica.

Il vino si assaggia e si compra nelle *enoteche* e anche alle tradizionali *sagre*, feste della raccolta, che si organizzano d'autunno.

I vini migliori, prodotti secondo tutte le norme stabilite, hanno il loro marchio di qualità DOC. Su molte bottiglie troveremo solo una denominazione – *vino da tavola*, della quale, però, possiamo completamente fidarci.

Natura morta con il fiasco, Marie Egner

UMBRIA
presente, imperfetto, passato remoto, passato prossimo

L'UMBRIA si trova tra la Toscana e le Marche, a sud è limitata dal Lazio. La regione, quasi completamente coperta da colline e monti, è attraversata dal Tevere. All'Umbria appartiene il Trasimeno, il quarto lago italiano per estensione.

È una delle regioni meno popolate d'Italia. Perugia, il capoluogo umbro, conta circa 150 mila abitanti. Le altre città sono medio-piccole: Foligno, Gubbio, Spoleto, Todi, Assisi.

La regione deve il suo nome al popolo degli umbri. Il territorio occupato da questa antica popolazione italica si estendeva dall'Adriatico al Tevere e fu poi stretto dagli etruschi alla regione attuale. In seguito gli umbri subirono romanizzazione e assimilazione.

L'Umbria fa parte dello Stato italiano dal 1860 (precedentemente apparteneva allo Stato della Chiesa).

Queste terre vengono definite *cuore verde dell'Italia*: l'Umbria ha un modesto sviluppo industriale, qui abbondano le aree boscose e gli oliveti. È una zona che vanta, però, ricche tradizioni artigianali. In particolare, la città di Assisi è famosa per i ricami tradizionali a *punto Assisi*, o *punto francescano*, che riprende tecniche di lavorazione rinascimentale.

La regione è caratterizzata dalla sismicità: gli ultimi terremoti, del 1997 e 1998, hanno pesantemente danneggiato Assisi.

?

11.1   Come vengono chiamati gli abitanti dell'Umbria? E quelli di Perugia e Assisi?

PERUGIA
presente

La città di Perugia è fondata dagli umbri, per poi diventare un importante centro di civiltà etrusca, e in seguito entrare nel dominio romano. Di epoca etrusca sono le mura che la cingono.

Nel XI secolo diventa un libero comune, sottomettendo le città vicine: Città di Castello, Gubbio, Assisi. Nel XIII secolo sorge l'università. Nel Cinquecento la città passa allo Stato della Chiesa.

Attualmente Perugia è un importante centro universitario (qui si trova anche l'Università per Stranieri, specializzata nell'insegnamento della lingua e della cultura italiana).

IL TRASIMENO
presente

Il Trasimeno, situato a soli venti chilometri dalla città di Perugia, ha una superficie di 128 kmq. Questo lago è profondo soltanto poco più di sei metri e oggi è minacciato dall'intorbidamento.

Circondato da campi coltivati e colline, il Trasimeno vede nascere illustri pittori, quali Masolino da Panicale e Pietro Vannucci, detto *Il Perugino*. Il Perugino nasce attorno al 1448 nella Città della Pieve, situata su un colle al confine tra l'Umbria e la Toscana. Nei suoi dipinti ed affreschi il pittore inserisce come sfondo il paesaggio del lago Trasimeno. Le sue ricerche tecniche (è tra i primi a utilizzare la tecnica a olio) influiscono su Raffaello.

Nel 1777, per evitare i ricorrenti straripamenti del lago e i persistenti casi di malaria, si pensa di prosciugarlo; nel 1865 il governo è sul punto di dare il via ai lavori, ma l'opposizione degli abitanti e di alcuni intellettuali salva lo specchio d'acqua dalla scomparsa. Per questo episodio è chiamato *il lago salvato*.

ASSISI
presente

Assisi si trova nel cuore dell'Umbria, alle pendici del monte Subasio. Ancora oggi la città mantiene la sua struttura medioevale, è immersa nel suo passato ricco di cultura e spiritualità. Meta dei turisti e pellegrini di tutto il mondo, l'importanza e il valore di Assisi vanno ben oltre le sue contenute dimensioni. È una città piccola solo all'apparenza.

Centro fondato dagli umbri, la città conserva i resti delle costruzioni romane. Ma sono i luoghi legati alla memoria di san Francesco a rendere Assisi una delle città più visitate d'Italia.

SAN FRANCESCO D'ASSISI
presente

San Francesco nasce nell'inverno del 1182 in una famiglia agiata. Suo padre è un commerciante.

Francesco intraprende la carriera militare, ma in una battaglia viene catturato e rinchiuso per un anno in carcere. Probabilmente la partecipazione ai combattimenti e lo spettacolo dei feriti lo inducono ad un totale ripensamento della sua vita.

Ma Francesco non rinuncia ancora alla carriera militare: nel 1204 tenta la strada della crociata. Parte per raggiungere gli altri cavalieri diretti a Gerusalemme. Ma si ammala e, persuaso da una rivelazione notturna (si dice che gli appare il Signore ordinandogli di tornare indietro), ritorna subito a casa. Da quel momento Francesco si dedica alla meditazione tra le campagne e le colline d'Assisi, nonostante la delusione del padre. Rinuncia ai beni paterni e predica gli ideali di povertà, di carità, di semplicità. Per questo è chiamato il *Poverello*.

Secondo i suoi contemporanei, Francesco compie diversi miracoli. Addirittura gli uccelli lo ascoltano mentre parla. Attorno a lui si uniscono i suoi seguaci, vestiti come lui di un saio e di stracci. Così nasce l'ordine* dei Frati (fratelli) minori (più tardi chiamato *l'ordine francescano*). A essi Francesco assegna una regola, desunta dal vangelo, che prevede la predicazione itinerante dei valori cristiani, la vita in assoluta povertà e il servizio ai sacerdoti e ai fedeli (lo stato di minorità). Tra i suoi seguaci è santa Chiara che, dopo aver vestito lo stesso abito religioso di Francesco, fonda un ordine femminile. Francesco viaggia in Oriente, accolto dallo sultano d'Egitto. Gli ideali dell'umiltà sono contenuti nelle opere composte da san Francesco, la più famosa tra le quali è il *Cantico delle Creature*. Questo testo, secondo gli studiosi, è uno dei primi scritti in volgare e, nello stesso tempo, uno dei maggiori capolavori della letteratura italiana. Il *Cantico* è l'inno di riconoscenza per tutto il creato, dal sole alle erbe, di fratellanza con tutto ciò che vive.

Francesco muore nel 1226 e due anni dopo viene dichiarato santo. Prima di morire dice di voler essere sepolto sul colle più triste d'Assisi, il Colle dell'Inferno, il luogo delle esecuzioni capitali. Qui è costruita la basilica di San Francesco. Nel 1230 è terminata la chiesa inferiore dove viene condotto il corpo del santo. Sia nella chiesa superiore che nella chiesa inferiore della basilica lavorano i più grandi pittori dell'epoca. Così il Colle dell'Inferno diventa il Colle del Paradiso.

La vita di Francesco è percepita dai contemporanei come la grazia di un nuovo giorno, molto atteso dalla Chiesa e dalla società desiderose di rigenerazione.

Francesco d'Assisi, insieme a Caterina da Siena, è il santo patrono d'Italia.

òrdine religioso – società di vita comune, approvata dall'autorità ecclesiastica, i cui membri pronunciano i voti di povertà, castità, obbedienza

LA BASILICA DI SAN FRANCESCO
presente, passato remoto, imperfetto

La basilica di San Francesco è uno dei più importanti centri della cristianità. La chiesa fu concepita per dare sepoltura al santo, diventando oggetto del culto popolare e meta di pellegrinaggio.

La tomba del santo fu posta nella cripta, come si faceva da secoli nei santuari cristiani. Per ottenere uno spazio più vasto di quello tradizionale, furono edificate due basiliche sovrapposte, tra loro collegate tramite una scala: la chiesa-cripta inferiore e la chiesa superiore, più spaziosa e illuminata.

La basilica assisiate ha forti legami con l'architettura gotica inglese e francese, rappresentando il prototipo di ciò che l'architettura gotica insegnò all'Italia. Così, il gotico si fonde con l'eredità romanica. Le pareti non si svuotano, come accade nelle chiese gotiche, ma si coprono di affreschi. La basilica diventa il modello del gotico italiano.

Le chiese furono affrescate dalle grandi scuole di artisti dei secoli XIII e XIV: da Cimabue a Giotto, Simone Martini, Pietro Lorenzetti. Il motivo religioso delle pitture è il parallelo tra san Francesco e Cristo.

Il ciclo *Le storie di san Francesco* descrive la vita del santo dalla giovinezza alla morte, alternando gli episodi storici alle leggende, e si conclude con i suoi miracoli postumi. Nella pittura rientra la realtà della vita quotidiana, da secoli esclusa dalle arti figurative. In passato la maggior parte degli studiosi identificava come autore di questi affreschi il giovane Giotto, ma questa attribuzione è oggi fortemente discussa.

Nel 1997 l'Umbria è colpita dal terremoto, che danneggia la basilica e i suoi affreschi sottoposti in seguito ad un restauro.

I LUOGHI DI SAN FRANCESCO
presente, passato remoto, imperfetto

Al centro di Assisi è situata la casa considerata quella di Pietro Bernardone, padre di Francesco. Attualmente, sui "resti" dell'abitazione dei Bernardone, sorge la Chiesa Nuova.

Francesco fu battezzato nella cattedrale costruita in onore del patrono della città, il martire Rufino. All'interno della cattedrale troviamo il fonte battesimale di san Francesco e santa Chiara.

A quattro chilometri dalla città si trova la grandiosa basilica di Santa Maria degli Angeli. Vi sono racchiuse la Porziuncola (nucleo del primo convento francescano, dove Chiara ebbe da Francesco il saio francescano) e la cappella del Transito (dove il Poverello morì il 3 ottobre 1226).

Nei pressi della città si visita anche l'eremo delle carceri, oasi di pace e di silenzio, dove Francesco si ritirava in preghiera. A San Damiano si trova santuario francescano sorto sul luogo dove Francesco udì la voce di Cristo e dettò il *Cantico delle Creature.*

?

11.2 Quale significato hanno queste espressioni?

fare vita francescana

andare con il cavallo di san Francesco

PREGHIERA SEMPLICE

Oh! Signore, fa' di me uno strumento della tua pace:
dove è odio, fa' ch'io porti l'Amore,
dove è offesa, ch'io porti il Perdono,
dove è discordia, ch'io porti l'Unione,
dove è dubbio, ch'io porti la Fede,
dove è errore, ch'io porti la Verità,
dove è disperazione, ch'io porti la Speranza,
dove è tristezza, ch'io porti la Gioia,
dove sono le tenebre, ch'io porti la Luce.
Oh! Maestro, fa' che io non cerchi tanto:
ad essere consolato, quanto a consolare,
ad essere compreso, quanto a comprendere,
ad essere amato, quanto ad amare.
Poiché si è: dando, che si riceve;
perdonando che si è perdonati;
morendo, che si risuscita a Vita Eterna.

san Francesco d'Assisi

MARCHE
presente, imperfetto, passato prossimo

Le MARCHE confinano con l'Emilia-Romagna, la Repubblica di San Marino, la Toscana, l'Umbria, l'Abruzzo, il Lazio. La regione è bagnata dall'Adriatico.

Questa terra, prevalentemente collinare e montuosa, ha come il capoluogo la città di Ancona. Tra le altre città importanti vi sono Ascoli Piceno, Macerata, Pesaro e Urbino.

Il nome *Marche* trae origine dal termine germanico che si riferiva alle terre di confine e designa un insieme di diverse aree amministrative unificate da un comune processo storico. Esso è legato all'esistenza di più Marche già alla fine del X secolo (Marca superiore, o Camerinese, Marca Anconetana, Marca Fermana), cui si uniscono, poi, domini particolari, come il Ducato di Urbino e il Principato di Pesaro.

Qui passava la Via Salaria, tracciata dall'antica popolazione dei piceni, e utilizzata dai romani per collegare il mare Adriatico (*la costa del sale*) alla capitale dell'Impero. Il nome dei piceni deriva dal picchio, un uccello da loro considerato sacro, ed oggi è ripreso nello stemma della regione Marche.

In passato dai porti delle Marche salpavano navi per mete lontane, e la regione è stata definita dal noto medievalista J. Le Goff "un vero e proprio ponte verso l'Oriente". Pesaro, Ancona e Senigallia erano sedi di importanti fiere europee.

A partire dal Seicento l'attività principale diventa la pesca che ancora oggi rimane uno dei settori più significativi dell'economia locale.

Numerose sono le aree protette, tra cui il gruppo di Monti Sibillini, divenuto parco nazionale nel 1993. La vegetazione del parco comprende il salice nano che è considerato l'albero più piccolo al mondo.

Lo stemma delle Marche

?

12.1 Come viene chiamato chi abita nelle Marche? E un abitante di Ancona, Pesaro, Urbino?

ANCONA
presente, condizionale presente

Ancona è un importante e antico porto peschereccio e mercantile, il primo in Italia per movimento passeggeri con l'estero. La città si estende sui colli, affacciata al mare.

È fondata dai greci intorno al 390 a.C. Il porto è disposto su un'insenatura naturale, o *gomito* (in greco *ankon*), dal quale deriverebbe il nome della città. Ad Ancona si vede il sorgere del sole dal mare, come in tutta la costa adriatica, ma è l'unica in cui si può, in alcuni punti, anche vedere il tramonto del sole sul mare, grazie al "gomito".

Nei secoli medi Ancona è una città florida e forte, una repubblica marinara indipendente. Nel Cinquecento, però, deve rinunciare all'indipendenza ed entra nello Stato della Chiesa. A causa della scoperta dell'America il centro dei commerci si sposta dal Mediterraneo all'Atlantico e per la città inizia un periodo di recessione.

Tra i monumenti più importanti di Ancona è il Duomo di San Ciriaco, l'esempio del passaggio dal romanico al gotico.

?
Di quali città marchigiane si tratta?

12. 2 La città, che sorge su di una collina, è stata teatro di uno straordinario fermento culturale nel XV secolo. Qui hanno lavorato artisti e studiosi provenienti da tutta Italia. Il Palazzo Ducale ospita la Galleria Nazionale delle Marche che custodisce opere di Raffaello, Piero della Francesca, Tiziano, Paolo Uccello. La città è legata soprattutto al nome di Raffaello Sanzio nato qui il 6 aprile 1483.

L'aspetto rinascimentale della città si è conservato particolarmente bene a causa della stagnazione economica e culturale in cui è caduta dal XVI secolo in avanti.

12. 3 Centro di industria, pesca e turismo, la città è famosa anche come luogo natale di Gioachino Rossini, uno tra i più grandi compositori del XIX secolo.

RAFFAELLO SANZIO
presente

Raffaello, chiamato *l'urbinate*, è il più illustre figlio della città marchigiana, uno dei maggiori pittori del Rinascimento.

Il cognome *Sanzio* deriva dalla latinizzazione di quello italiano, *Santi*, in *Santius* (anche quando firma usando il solo nome di battesimo l'artista si serve della forma latina *Raphael*). Suo padre, Giovanni Santi, è un pittore alla corte di Urbino. Raffaello comincia presto ad aiutare padre nella sua attività, ma rimane orfano all'età di soli undici anni, perdendo prima la madre e poi il padre. Viene affidato allo zio, sacerdote.

Nel 1504 si trasferisce a Firenze per imparare le lezioni di due grandi pittori: Leonardo da Vinci e Michelangelo. Verso la fine del 1508 si sposta a Roma e viene subito preso a servizio da papa Giulio II che commissiona al giovane pittore una serie di decorazioni di alcune sue stanze a Palazzi Vaticani. La celeberrima decorazione dell'interno delle logge, in stucco e affreschi, opera di Raffaello e dei suoi allievi, raffigura *Scene del Vecchio e del Nuovo Testamento*.

Nella Stanza della Segnatura si trova il famoso affresco *La scuola di Atene*: in un imponente edificio classico sono riuniti tutti i più importanti filosofi dell'antichità. Al centro sono posti Platone ed Aristotele (il primo indica il cielo, il secondo la terra). La celebrazione della sapienza greca è anche un'esaltazione della cultura rinascimentale, perché molti intellettuali antichi assomigliano ai più affermati letterati del tempo. Lo stesso Raffaello si ritrae in abiti moderni, il secondo a destra, con il berretto nero.

Raffaello per un breve periodo è l'architetto più importante di Roma, oltre che il primo pittore, ma purtroppo la maggior parte della sua opera architettonica è demolita o modificata. Muore il 6 aprile 1520, giorno del suo compleanno, e viene sepolto nel Pantheon di Roma.

Autoritratto di Raffaello, *Scuola di Atene*

GIOACHINO ROSSINI
presente

Nato nel 1792, pochi mesi dopo la morte di Wolfgang Amadeus Mozart, Gioachino Rossini musica decine di opere liriche, tra cui *Il barbiere di Siviglia*, *La Cenerentola* e *La gazza ladra*.

Suo padre suona per professione nelle orchestre locali; la madre è una cantante. A quattordici anni Rossini si iscrive al liceo musicale bolognese e compone la sua prima opera.

Il compositore domina teatri italiani fino al 1823, anno in cui si trasferisce a Parigi. Sposa Isabella Colbran, cantante lirica spagnola, maggiore di età, da cui in seguito si separa. Sulla sua figura sono scritti numerosi libri e biografie, tra cui la *Vita di Rossini* di Stendhal. Il compositore è descritto dai biografi in molte maniere: ipocondriaco, collerico oppure preda di profonde crisi depressive, ma pure gioviale "bon vivant", amante della buona tavola e delle belle donne.

A Pesaro, sua città natale, ogni anno viene organizzato il Rossini Opera Festival: appassionati giungono da tutto il mondo per ascoltare le opere del maestro.

GIACOMO LEOPARDI
presente

Recanati è una piccola città dove nel 1798 nasce Giàcomo Leopardi, chiamato spesso *il recanatese*. Figlio di un conte, Leopardi riceve l'educazione rigida e s'immerge giovanissimo negli studi filologici, traducendo dai classici e scrivendo tragedie e opere erudite. In seguito "si converte" alla poesia. L'autore di canzoni filosofiche, civili e patriottiche, ma anche di idilli lirici e d'amore, è considerato uno dei maggiori poeti italiani.

Il poeta, la cui vita dura meno di quarant'anni, soffre per la sua debole salute. La condizione di infelicità è al centro della sua riflessione filosofica: tutto, secondo Leopardi, dipende da una Natura inesorabile e "matrigna".

LAZIO
presente, imperfetto

Il LAZIO confina a nord con la Toscana e l'Umbria, ad est con le Marche, l'Abruzzo ed il Molise, a sud con la Campania. Ad ovest è bagnato dal mar Tirreno. Il suo capoluogo è la città di Roma.

L'antico nome *Latium*, documentato dal VI secolo a.C., è dato alla regione dai latini, progenitori degli antichi romani ed a loro volta così chiamati perché abitavano su di un territorio largo (*latus* in latino).

I confini del Lazio con le regioni vicine non sono quasi mai costituiti da elementi naturali: è una terra ricchissima di paesaggi diversi che vanno dalle cime appenniniche ai lunghi litorali tirrenici. Alla destra del Tevere sono presenti tre gruppi montuosi di origine vulcanica: i monti Volsini, Cimini e Sabatini e una costa pianeggiante, denominata Maremma Laziale, alla quale si allaccia verso sud-est la Campagna Romana, vasta zona attraversata dal Tevere. Una fascia di pianure che si stende lungo la costa viene chiamata l'Agro Pontino, un tempo paludoso e ora bonificato.

La regione ha una posizione centrale nella penisola: via terra ha una collocazione quasi equidistante rispetto agli estremi del territorio italiano, e via acqua anche rispetto alle due isole maggiori. Il fatto che qui si trova la capitale italiana attira i flussi di merci, individui, capitali e servizi (spesso privandone in qualche misura altre città della regione: Frosinone, Latina, Rieti, Viterbo).

Per numero di abitanti il Lazio è la terza regione italiana, dopo la Lombardia e la Campania. Qui abitano più di 5 milioni di persone, di cui circa la metà nella capitale.

13.1 Come viene chiamato un abitante del Lazio? E quello di Roma?

ROMA
presente, condizionale passato

La capitale d'Italia, Roma, conta attualmente due e mezzo milioni di abitanti. Glorioso è il passato di questa città, ma anche al presente Roma è un centro di grande importanza, non solo turistica e artistica. Sul suo territorio si trova uno stato indipendente, di dimensioni minuscole, ma di un'enorme influenza internazionale: la Città del Vaticano.

Il centro storico della città comprende i sette colli: Palatino, Aventino, Campidoglio, Quirinale, Viminale, Esquilino e Celio.

Secondo la tradizione tramandata dagli storici latini, la fondazione di Roma sarebbe avvenuta nel 753 a.C. Questa data oggi è ritenuta attendibile. La storia dell'antica Roma conosce diversi periodi: prima è governata dai re, dal 510 a.C. comincia il periodo repubblicano, dal I secolo a.C. inizia l'epoca dell'Impero. Durante l'età repubblicana Roma conduce una serie di guerre e occupa tutta l'Italia, conquistando le diverse popolazioni italiche e le tribù celtiche dell'Italia settentrionale.

Le guerre contro Cartagine e contro i sovrani ellenistici in Macedonia la portano ad espandersi in Spagna, in Africa e in Grecia. Le classi dirigenti si aprono all'influenza della cultura greca. Dalle province orientali di cultura ellenistica vengono importate opere d'arte.

L'espansione romana continua anche nei secoli successivi, fino a quando inizia un periodo di declino e di impossibilità di contrastare la pressione dei popoli barbarici. L'Impero d'Oriente e quello d'Occidente si dividono.

Comincia a formarsi lo Stato Pontificio, di cui Roma è capitale. Il potere del papa sia all'interno dello Stato Pontificio (dove il pontefice regna come un sovrano), sia sull'arena internazionale, cresce. Nell'epoca del Rinascimento Roma diventa anche un importantissimo centro culturale, che disputa con Firenze le più grandi innovazioni artistiche.

Nel XIX secolo il papato si scontra con il processo di unificazione dell'Italia. Nel 1870 Roma entra a far parte dello Stato Italiano, presto diventando la capitale del Regno.

ROMA È CHIAMATA ANCHE...

Caput mundi
Questa espressione latina significa "capo del mondo, capo della civiltà".

Città eterna
Così Roma è chiamata già da antichi.

L'Urbe
Dal latino "urbs" – città.

Città dei sette colli

La Capitale

La città di Pietro e Paolo

?
13.2   Osserva le immagini. Quali simboli della città di Roma sono rappresentati qui?

13.3   Come per molte grandi città, un ruolo importante nella nascita e storia romana ebbe il fiume. Lungo quale fiume è situata Roma? Come la leggenda spiega l'origine del nome di questo fiume?

13.4   Oggi i colli di Roma ed i suoi famosi palazzi sono diventati sede di ministeri e di organi dello stato. Quale funzione hanno:

il Campidoglio, il Quirinale, il Viminale, la Farnesina, Montecitorio, Palazzo Madama, Palazzo Chigi?

DI ROMA SI DICE…

Roma non fu costruita in un giorno.

Tutte le strade portano a Roma.

Vedi Roma e poi muori.

A Roma, comportati come i romani.

Meglio un bicchiere di Frascati che tutta l'acqua del Tevere.

Frascati   *il vino che si produce nei pressi di Roma*

I FORI
presente, imperfetto

Il foro in Roma antica è il luogo in cui si concentrano funzioni amministrative, politiche, mercantili e religiose. Di solito i fori sono composti da una piazza che lungo i lati ha le botteghe, il tempio e una basilica (un edificio rettangolare che contiene una vasta sala dove si amministra la giustizia). Questa tipologia serve da modello anche per la costruzione dei fori nelle città conquistate.

Il primo foro, detto Foro Romano, si sviluppa nella zona paludosa che si estende fra il Palatino e il Campidoglio. Inizialmente è luogo di attività commerciali, ma con il tempo diventa prima di tutto il centro politico della città e assume carattere monumentale. In seguito attorno al Foro Romano vengono costruiti i fori imperiali: quello di Cesare, di Augusto, di Vespasiano, di Traiano.

L'ultimo dei grandi fori imperiali, ma anche il più grandioso e ricco, è quello di Traiano, iniziato nel 107 d.C. e affidato al più famoso architetto del tempo, Apollodoro di Damasco. Traiano, imperatore-soldato, vuole realizzare una piazza secondo il modello del quartiere generale di un campo di legionari. La maggior parte di questo complesso rimane sepolta dalla città moderna. Alla piazza si accedeva attraverso un arco trionfale, sulla sommità del quale era posta la quadriga dell'imperatore. Per celebrare l'imperatore viene eretta anche una colonna coronata dalla sua statua. Dall'età ellenistica le colonne vengono utilizzate per statue celebrative, ma la Colonna Traiana è innovativa: ha una fascia decorativa continua che la avvolge. Attraverso una porta nel basamento si ha accesso a un vano dove inizialmente vengono deposte le ceneri dell'imperatore e di sua moglie Plotina. Per volontà del papa Sisto V nel Cinquecento sulla colonna viene posata la statua di bronzo di san Pietro. Per questa statua è fuso un pilastro bronzeo del Pantheon.

Foro Romano

LO SAI?

Il termine *palazzo* deriva da Palatino, uno dei sette colli di Roma e una delle parti più antiche della città. Su questo colle, infatti, sorgevano molti palazzi, tra cui quello dell'imperatore Augusto (adesso i resti del palazzo imperiale possono essere individuati nella cosiddetta "casa di Livia"). L'aggettivo *palatino*, oltre a significare "del colle Palatino", si usa per indicare l'appartenenza alla corte e alla residenza di un sovrano; *guardia palatina* si dice del corpo armato pontificio.

Sul colle Campidoglio sorgeva il tempio di Giunone Moneta (*moneta* significava "ammonitrice"), eretto nel IV secolo a.C., presso il quale aveva sede la prima zecca (*officina moneta*, dal nome del tempio, da cui deriva il termine odierno di *moneta*). Nel Medioevo sui resti del tempio di Giunone Moneta era sorta la chiesa di Santa Maria in Aracoeli.

Donna è la continuazione del latino *domina*, derivato da *domus* – casa.

Il latino *homo* è collegato etimologicamente con *humus*, terra. Probabilmente il suo significato originario fu "essere terrestre", contrapposto a *deus* – "dio, essere celeste".

Il sostantivo *salario* deriva dall'aggettivo latino *salarius* (che concerne il sale) e dal *salarium* che significava la razione di sale corrisposta in particolare a militari e impiegati civili. In italiano *salario* significa "paga, stipendio". Il sale, come prodotto alimentare di prima necessità, aveva una grande importanza in Roma antica, tanto che per il trasporto del sale, fin dal IV secolo a.C., fu costruita una grande strada che collegava Roma con l'Adriatico centrale, chiamata ancora oggi la Via Salaria.

?

13.5 Leggi e traduci le frasi che contengono espressioni idiomatiche. Che significato hanno queste espressioni? In quali situazioni vengono usate?

Giorgio è la bocca della verità.

Abiti al Colosseo?

Roberto è il miglior gatto del Colosseo.

Andare a Roma e non vedere il papa.

Gianni vive da papa.

Questo succede a ogni morte di papa.

Morto un papa, se ne fa un altro.

Mario è romano de Roma.

IL COLOSSEO
presente, passato prossimo, imperfetto, trapassato prossimo

Il Colosseo è un enorme anfiteatro (dal greco *amphithéatron*, "teatro dai posti tutt'intorno"). È una costruzione tipica dell'architettura romana, mentre i greci costruiscono i teatri a forma semicircolare, inizialmente adagiati sui pendii delle colline. Il teatro greco è destinato alle rappresentazioni drammatiche, mentre i romani preferiscono giochi dei gladiatori e battaglie navali di alta spettacolarità.

La costruzione del Colosseo è iniziata per volere dell'imperatore Vespasiano Flavio nel 75 d.C. ed è terminata cinque anni dopo durante il regno di Tito Flavio. Per questo viene chiamato anche Anfiteatro Flavio, ma è conosciuto in tutto il mondo come il *Colosseo*. Ma qual è l'origine di questo nome?

Probabilmente è nato nel Medioevo ed è legato alle dimensioni "colossali" dell'anfiteatro che può ospitare 45 mila persone. Secondo la versione più conosciuta, però, esso deriva da un'enorme statua che era situata accanto all'anfiteatro, un colosso alto una trentina di metri che raffigurava l'imperatore Nerone. Il Colosseo occupa l'area che precedentemente aveva costituito il centro del complesso della Domus Aurea, la dimora imperiale voluta da Nerone. Il bacino di un laghetto artificiale all'interno di questo grandioso palazzo, una volta prosciugato, costituisce le fondamenta dell'anfiteatro.

Il Colosseo viene considerato il luogo di martirio dei primi cristiani, anche se non ne esistono testimonianze documentate. Ogni anno il venerdì che precede la Pasqua il papa, seguito dai fedeli, compie Via Crucis attorno alla sua arena, in mezzo alla quale è posta una croce.

Ai nostri giorni il Colosseo è diventato il simbolo di Roma. È raffigurato nella moneta da cinque centesimi di euro. Ma non sempre questo monumento era debitamente apprezzato dai romani. Nel periodo medioevale diventa una cava da cui ricavare marmo per l'edificazione dei palazzi. Il famoso artista Benvenuto Cellini nella sua *Vita* scrive che il Colosseo è un covo di briganti. Il papa Sisto V vuole costruirvi un gran numero di abitazioni per i poveri. Ne viene predisposto un progetto, ma il papa muore senza averlo realizzato.

?

13.6 Nella storia di Roma quale colle è famoso per la leggenda delle oche?

13.7 Uno dei colli romani, l'Aventino, è legato alla cosiddetta *secessione dell'Aventino*, un evento che ha dato nome anche ad un fenomeno politico, *aventinismo*. Sai di che cosa si tratta?

I MONUMENTI ROMANI
presente, passato prossimo, passato remoto

Tra gli innumerevoli monumenti dell'epoca antica di Roma uno dei più interessanti è il Pàntheon, un edificio eretto nel 25 a.C. e ricostruito più tardi (118 – 128). È conservato fino ai nostri giorni non nello stato di rovina, ma nella sua forma originale, compresa la famosa cupola di 43,20 m di diametro!

Il Pantheon in origine è il tempio dedicato a tutti gli dei; nel 609 viene trasformato in chiesa cristiana e ospita le spoglie di Raffaello e dei re d'Italia. Le decorazioni del Pantheon, comunque, non sono sfuggite nei secoli agli usi impropri: tutta la Roma medioevale e rinascimentale si serve dei pezzi delle costruzioni antiche, senza il minimo rispetto per il passato. Così, il papa Urbano VIII (il suo vero nome fu Maffeo Barberini) usa i bronzi tolti dal Pantheon per fare cannoni e per decorare l'altare della basilica di San Pietro. Così nasce un famoso detto: *Quod non fecerunt barbari, Barberini fecerunt* (ciò che non fecero i barbari, fecero i Barberini).

La Galleria Borghese può essere definita come "regina delle raccolte private del mondo". L'edificio e la collezione di opere d'arte nascono indissolubilmente unite nella mente del cardinale Scipione Borghese, il pioniere dei collezionisti moderni. Borghese, vissuto tra il Cinquecento e Seicento, appartiene ad una delle casate più ricche ed influenti del mondo d'allora ed è appassionato dell'arte, sia l'antica sia quella a lui contemporanea. La sua Galleria, dopo varie vicissitudini, passa allo Stato italiano. Nelle venti sale si trovano collezioni di epoca romana, le raccolte archeologiche e opere di artisti illustri, come Gian Lorenzo Bernini, Caravaggio, Giovanni Bellini, Veronese, Tiziano, Rubens.

Piazza Venezia è dominata dal Vittoriano, il monumento a Vittorio Emanuele II. Nell'Altare della Patria il monumento ospita la tomba del Milite Ignoto. A dispetto di tanta solennità, per i romani il Vittoriano è semplicemente *la macchina da scrivere*. Epiteto azzeccato, che conserva un'eco delle polemiche che ne accompagnano la costruzione e l'inaugurazione nel 1925. Per realizzarlo viene demolito un intero quartiere, con palazzi nobiliari e chiese.

Il Vittoriano

LA CITTÀ DEL VATICANO
presente, passato remoto, imperfetto, passato prossimo

La Città del Vaticano si estende sulla riva destra del Tevere. Con una superficie di appena 0,44 kmq è il più piccolo Stato del mondo. Le dimensioni territoriali tuttavia non corrispondono all'effettiva importanza dello Stato: è sede del capo della Chiesa cattolica, sul suo territorio sorge il maggior tempio della cristianità ed è anche il luogo dove sono concentrati numerosi capolavori d'arte e d'antichità.

Lo Stato non sempre, però, ebbe dimensioni territoriali così ridotte e in passato non si chiamava la *Città del Vaticano* (nome che sottolinea la sua posizione sul colle romano). Lo *Stato Pontificio* (detto anche *Stato Ecclesiastico*, o *Stato della Chiesa*) comprendeva i territori sottoposti al potere temporale dei papi. Grazie alle donazioni, acquisti e conquiste, nei primi secoli del Medioevo il papato diventa il più grande proprietario terriero dell'Italia. Lo Stato della Chiesa si estende su quasi tutta l'Italia centrale e parte di quella settentrionale. I papi partecipano attivamente nella vita politica della penisola.

La formazione dello Stato Italiano comporta l'annessione della maggior parte dei territori dello Stato della Chiesa al Regno d'Italia. Lo Stato Pontificio cessa di esistere nel 1870. Si pone a questo punto la cosiddetta *questione romana*, ovvero il contrasto per la sovranità su Roma che oppone lo Stato italiano e la Santa Sede. Il pontefice impone ai cattolici il divieto di partecipare alla vita politica dello Stato Italiano.

La questione romana è risolta solo nel 1929, l'anno in cui viene creato lo Stato della Città del Vaticano. Il *Trattato del Laterano* e il *Concordato (Patti Lateranensi)* sono firmati fra Santa Sede e Italia nel palazzo del Laterano.

L'espressione *Vaticano* significa sia "Santa Sede" (termine che designa il papato e gli organi centrali della chiesa), che l'entità territoriale nel centro di Roma. Lo Stato Vaticano è una monarchia elettiva e assoluta. Il papa ha la pienezza dei poteri esecutivo, legislativo e giudiziario.

Il papa è il vescovo di Roma. La sua sede è fondata, secondo la tradizione, dall'apostolo Pietro. San Pietro, morto nel 67 d.C., fu il primo pontefice. Il papa di Roma è, secondo la dottrina cattolica, il successore di Pietro. Egli è infallibile quando definisce verità essenziali circa la fede. Nell'esercizio del suo potere il papa è coadiuvato dal Collegio dei cardinali (composto da cinque membri nominati dal pontefice) e dalla Curia romana (il complesso delle istituzioni per mezzo delle quali la Santa Sede governa la chiesa).

In seguito all'unione monetaria con l'Italia, il Vaticano dal 1 gennaio 2002 ha adottato l'euro in sostituzione della lira vaticana.

La popolazione residente ammonta a circa 900 persone di diverse nazionalità, e la cittadinanza vaticana si acquista per concessione pontificia. La lingua ufficiale dello Stato è l'italiano (il latino per la Santa Sede).

?

13.8 Da chi sono scelti i nomi con i quali vengono chiamati i papi?

13.9 Che significato hanno questi appellativi del capo della Chiesa cattolica: papa, pontefice, santo padre, vicario di Cristo?

13.10 Quali cinque principali basiliche della Chiesa cattolica ospita Roma?

PAROLE DELLA CHIESA
presente

Apostolo è ciascuno dei dodici discepoli di Cristo da lui scelti come continuatori della sua opera. Deriva dal greco *apostello* (mando).

Cardinale è la più alta dignità della Chiesa cattolica dopo il papa. I cardinali formano il sacro collegio, che elegge il pontefice. Sono nominati dal papa e concorrenti alla sua successione. I cardinali indossano il rosso porpora. Dal colore del loro abito deriva anche il termine *porporato*, l'altro appellativo con cui vengono spesso indicati i cardinali. L'istituzione della dignità di cardinale è antichissima: già nel IV secolo i più stretti collaboratori del papa si chiamano *diaconi cardinales*.

Il *vescovo*, nel cristianesimo, è il responsabile (pastore) di una diocesi ed è considerato successore degli apostoli. È un prelato di altissimo grado, inferiore soltanto a quello del cardinale. La parola viene dal greco *epìskopos*, che significa "supervisore".

I MUSEI VATICANI
presente, imperfetto

La residenza del vicario di Cristo doveva essere cittadella della fede, della sapienza e della bellezza, i suoi giardini una metafora del paradiso. Giulio II della Rovere (1503 – 1513) fa trasportare in Vaticano dalla chiesa di San Pietro in Vincoli la celebre statua di Apollo, che viene collocata nel cortile del Belvedere ed è famosa come *Apollo del Belvedere*. Rapidamente numerosi e straordinari pezzi si aggiungono a quella scultura. Il primo nucleo dei Musei Vaticani, il Museo di antichità cristiana, sorge nel 1756.

La raccolta originaria della Biblioteca Apostolica Vaticana è costituita dai codici di opere greche e latine. Nel Cinquecento Domenico Fontana erige l'edificio che ancora oggi accoglie l'istituzione. La Biblioteca Apostolica è considerata la più importante biblioteca del mondo quanto alla preziosità delle sue collezioni. Tra i manoscritti vi sono i frammenti dei codici virgiliani dei secoli III e IV e l'autografo del *Canzoniere* petrarchesco.

Apollo del Belvedere

LA CAPPELLA SISTINA
presente, passato prossimo, condizionale passato, trapassato prossimo

La famosa Cappella viene chiamata *Sistina* in onore del papa Sisto IV che la fa erigere. È costruita negli anni 1477 – 1481.

Tra le altre sue funzioni la Cappella Sistina ha quella di ospitare il conclave (dal latino *conclave* – camera che si può chiudere a chiave), la riunione dei cardinali per l'elezione dei pontefici. Ne partecipano i cardinali che non hanno compiuto gli 80 anni. In queste occasioni all'interno della Cappella viene sistemata una stufa nella quale si bruciano le schede utilizzate nelle votazioni con l'aggiunta di qualche sostanza per rendere più evidente la colorazione del fumo. Nel caso di elezione il fumo è bianco, nel caso contrario è nero. Il mosaico sul pavimento indica la posizione del trono e quella dei seggi dei cardinali.

Alla decorazione della Cappella lavorano Perugino, Sandro Botticelli, Domenico Ghirlandaio. Nel 1504 una grave frattura compromette il soffitto della cappella e porta il papa Giulio II a decidere di affidare una nuova campagna decorativa a Michelangelo, che inizia i lavori nel 1508 e li conclude nel 1512. Al centro del soffitto sono nove *Storie della Genesi*, delle quali cinque sono dedicate alla *Creazione*. La presenza di sette *Profeti* e cinque *Sibille*, i "veggenti", dà alle raffigurazioni bibliche il valore di eventi profetici.

Michelangelo accetta questo incarico malvolentieri (preferisce la scultura alla pittura). Per dipingere una superficie così vasta, 300 metri quadrati, servono ponteggi speciali. Il papa fa convocare l'architetto Donato Bramante, che propone una struttura da appendere, ma a lavoro ultimato sul soffitto sarebbero rimasti buchi degli appoggi. Michelangelo progetta lui stesso i ponteggi, che non avrebbero toccato né le pareti né il soffitto. E che, poi, sarebbero stati copiati in molti altri cantieri.

L'artista non aveva mai prima utilizzato la tecnica dell'affresco. Per impararla, chiama da Firenze sei maestri. In pochi giorni apprende i segreti del mestiere e si stanca di collaboratori. Li caccia, cancella le parti già fatte e decide di dipingere tutto da solo. L'impresa si rivela massacrante. Michelangelo è costretto a stare ore in piedi, con il braccio destro alzato e il collo piegato all'indietro. Inoltre, non è soddisfatto del suo lavoro.

La scena del *Giudizio Universale* che occupa la parete di fondo della Cappella è realizzata da Michelangelo molti anni più tardi (1536 – 1541). È un affresco titanico che raffigura il destino tragico dell'uomo. Al centro del dipinto è la figura di Cristo che giudica le anime in un'atmosfera catastrofica.

Michelangelo scrive questo sonetto per commentare il suo lavoro nella Cappella Sistina.

La sua lingua è molto diversa da quella moderna, eppure non è difficile capire che l'artista non è soddisfatto dalla sua opera.

L' ho già fatto un gozzo in questo stento,
come fa l'acqua a' gatti in Lombardia
o ver d'altro paese che si sia,
c'a forza 'l ventre appicca sotto 'l mento.

La barba al cielo, e la memoria sento
in sullo scrigno, e 'l petto fo d'arpia,
e 'l pennel sopra 'l viso tuttavia
mel fa, gocciando, un ricco pavimento.

E' lombi entrati mi son nella peccia,
e fo del cul per contrapeso groppa,
e' passi senza gli occhi muovo invano.

Dinanzi mi s'allunga la corteccia,
e per piegarsi adietro si ragroppa,
e tendomi com'arco soriano.

Però fallace e strano
surge il iudizio che la mente porta,
ché mal si tra' per cerbottana torta.

La mia pittura morta
difendi orma', Giovanni, e 'l mio onore,
non sendo in loco bon, né io pittore.

memoria = nuca
scrigno = gobba
fo = faccio
peccia = pancia
soriano = siriano
mal si tra' per cerbottana torta = si tira male con un fucile rotto
Giovanni Giovanni da Pistoia, l'amico di Michelangelo

?

13.11 Quali due festività ha la città di Roma?

LA CITTÀ DI SAN PIETRO
presente, trapassato prossimo

San Pietro è uno dei dodici apostoli di Gesù Cristo del Nuovo Testamento e uno dei suoi discepoli più vicini. Il suo nome originale è Simone. Gesù lo proclama *fondamento della chiesa*, mutandogli il nome in *Kepha* (roccia), in greco "pietra".

Prima di diventare un discepolo di Gesù, Simone era stato un pescatore. Gesù lo invita a diventare *pescatore di uomini*. L'anello del pescatore fa parte delle insegne del papa. L'anello, che viene fabbricato in oro per ciascun nuovo pontefice, riporta un bassorilievo di san Pietro che pesca da una barca. Lungo il bordo dell'immagine viene incisa l'iscrizione con il nome del pontefice. Durante il rito dell'incoronazione il cardinale camerlengo infila l'anello al dito della mano sinistra del nuovo papa.

San Pietro predica in Giudea, Siria, Asia Minore, Grecia e Roma dove viene martirizzato per crocifissione nel 67 circa. La tradizione seguente sostiene che i romani lo crocifiggono a testa in giù su sua richiesta: egli non voleva paragonarsi a Gesù.

Secondo la legenda, prima di essere crocifisso, per sfuggire alle persecuzioni, Pietro decide di lasciare Roma, ma sulla strada incontra Gesù e chiede: *Domine, quo vadis?* (Signore, dove stai andando?). La risposta (Vado a Roma per essere crocifisso per la seconda volta) lo convince a tornare indietro.

LA BASILICA DI SAN PIETRO
presente

La basilica di San Pietro è fondata, secondo la tradizione, sul luogo della crocifissione e sepoltura di san Pietro. La costruzione, voluta dall'imperatore Costantino, è iniziata nel 315, e la tomba del santo viene inglobata nell'edificio.

Il papa Giulio II inaugura un progetto artistico che prevede la rifondazione dell'intera basilica. I lavori vengono affidati a Bramante che demolisce completamente la vecchia basilica. In seguito la direzione dei lavori passa a Raffaello e successivamente a Michelangelo che studia nuove soluzioni per la cupola che sovrasta la tomba di san Pietro e il cui valore simbolico perciò appare fondamentale.

Dopo la morte di Michelangelo i lavori alla cupola vengono ripresi da Domenico Fontana e Giacomo della Porta. Il compito di sistemazione dell'area antistante la basilica è affidato a Lorenzo Bernini che costruisce due grandiosi emicicli con porticati costituiti da colonne che sostengono statue dei santi.

All'interno della basilica Bernini crea il baldacchino bronzeo che copre l'altare principale. Tra le numerose opere d'arte che decorano la basilica, è famosa la *Pietà*, il celebre gruppo marmoreo eseguito da Michelangelo a meno di 25 anni.

San Pietro è considerata la più grande chiesa cristiana mai costruita. La basilica ha una lunghezza di 186 metri, la cima della cupola è alta 119 e la superficie totale supera i 15 mila metri quadrati.

I lavori alla basilica di San Pietro si protraggono per alcuni secoli: ecco perché di una cosa che non giunge mai a termine si dice: *sembra la fabbrica di San Pietro*.

LE CHIESE ROMANE
presente, passato remoto, congiuntivo passato, passato prossimo, condizionale passato

Tradizionalmente si ritiene che *La basilica di San Giovanni in Laterano* e il Palazzo del Laterano (che fu la prima sede del pontefice) siano sorti su un terreno di proprietà della famiglia senatoria dei Laterani. Fondata all'inizio del IV secolo, è la più antica basilica di Roma.

San Paolo fuori le Mura è, per le dimensioni, la seconda chiesa di Roma, dopo San Pietro. La basilica, costruita sopra la sepoltura di san Paolo all'inizio del IV secolo, è stata ricostruita dopo il devastante incendio del 1823. All'interno contiene 80 colonne monolitiche di granito.

La basilica di Santa Maria Maggiore è costruita, secondo la tradizione, da papa Liberio (352 – 366), al quale appare in una visione la Madonna che gli ordina di erigere un tempio sul luogo dove avrebbe nevicato il 5 agosto. Come infatti avviene, con una nevicata che copre la sommità del colle. La basilica è detta ancora oggi *liberiana*, o di Santa Maria della Neve. Il miracolo è ricordato in alcuni riquadri del grande mosaico che decora la facciata del tempio. La miracolosa nevicata agostana è ancora ricordata ai nostri tempi con una nevicata artificiale.

LE GUARDIE SVIZZERE
presente

Nello Stato della Città del Vaticano non esiste l'obbligo di leva militare. Il servizio militare è prestato dalle guardie svizzere, un corpo di soldati fondato da papa Giulio II nel 1506. L'uniforme delle guardie (probabilmente disegnata da Michelangelo) è di foggia rinascimentale e ha i colori medicei: blu, giallo e rosso. I compiti di questa guardia sono: custodia e sorveglianza della persona del papa, degli ingressi dei Palazzi Apostolici e della linea di confine della Città del Vaticano. Una rappresentanza della guardia svizzera accompagna il papa nei suoi viaggi all'estero. Per diventare una guardia è necessario avere passaporto svizzero, essere cattolico, celibe, avere un'età tra i 19 e 30 anni e un'altezza minima di 174 centimetri. Le guardie sono in tutto 110.

ABRUZZO
presente, imperfetto, passato prossimo

L'ABRUZZO è compreso tra le Marche, il Lazio e il Molise; a est si affaccia sull'Adriatico. Il suo capoluogo è L'Aquila. Fino al 1963 il suo territorio costituiva un'unica regione insieme al Molise. Per ragioni storico-tradizionali, l'Abruzzo, che ha la posizione centrale nella penisola, è considerato una regione dell'Italia meridionale: il suo territorio apparteneva al Regno di Napoli, costituendone la parte più settentrionale.

Il nome della regione deriva dal toponimo medioevale *Aprutium*, attestato fin dal VI secolo. Durante l'età moderna, per secoli, ha prevalso la denominazione al plurale *Abruzzi*. In seguito la forma singolare *Abruzzo* ha soppiantato l'altra.

L'Abruzzo è situato nel cuore dell'Italia appenninica, qui si trovano i massicci e le vette più elevati del sistema peninsulare (il Gran Sasso e la Maiella). Nel Parco Nazionale d'Abruzzo sono protette specie vegetali e faunistiche tipiche dell'alta montagna appenninica (lupo, camoscio, orso bruno). Le aree protette occupano il 38% della superficie regionale (è la percentuale più alta tra le regioni italiane). L'Adriatico conferisce a queste terre anche un carattere marittimo che si riflette nelle attività dei suoi abitanti.

Per la situazione economica l'Abruzzo si pone nettamente al di sopra delle altre regioni del Mezzogiorno. È una terra abbastanza dinamica, con alcuni settori in fase di crescita (in particolare, il turismo).

?

14.1 Come viene chiamato un abitante dell'Abruzzo? E quello di L'Aquila?

Il nome del capoluogo abruzzese è sempre accompagnato dall'articolo: *L'Aquila*. Quando è necessario usare la preposizione, si dice: *di L'Aquila*, *a L'Aquila*, ecc. Ma è antica la disputa se sia corretto dire "Provincia di L'Aquila" o "Provincia dell'Aquila". Come riportato nel Regio Decreto del 23 novembre 1939, il nome della provincia è *Provincia dell'Aquila*, siccome era pratica di uso comune definirla in quella maniera.

L'AQUILA
presente, passato remoto, congiuntivo imperfetto

L'Aquila, fondata nel 1254 col nome di *Aquila* diventa *Aquila degli Abruzzi* nel 1861 e *L'Aquila* nel 1939. Ma da dove deriva questo insolito nome? Alcuni studiosi sostengono che L'Aquila fu edificata in modo che le sue chiese disegnassero a terra la costellazione omonima, ma è solo un'ipotesi.

I misteri della città non finiscono qui. Secondo la tradizione, il capoluogo abruzzese nasce dall'unione degli abitanti di 99 castelli e la città possiede 99 chiese, 99 piazze e 99 fontane; l'orologio della torre del Palazzo Margherita suona 99 rintocchi. Spesso si tratta, però, solo di leggende: per esempio le chiese sono circa una sessantina. La famosa Fontana delle 99 cannelle ha solo 93 mascheroni da cui esce acqua, ma contando anche sei cannelle prive di maschere, si raggiunge il numero 99. Secondo la tradizione, ognuno dei castelli che contribuisce alla fondazione della città conduce fino a qui una cannella con la propria acqua.

La città, la seconda del Regno di Napoli per potenza e ricchezza, inizia a decadere nel XVI secolo. È sovrastata da un imponente castello cinquecentesco, sede del Museo nazionale d'Abruzzo.

Oggi L'Aquila è un centro turistico, visitato per i suoi monumenti medioevali, ma anche una stazione sciistica ai piedi del Gran Sasso, il monte più alto degli Appennini. L'Aquila conta attualmente circa 70 mila abitanti.

IL GRAN SASSO
presente

Il Gran Sasso è il più alto massiccio montuoso degli Appennini (2912 m). Ha due picchi: il Corno Grande e il Corno Piccolo, fra i quali si trova il ghiacciaio del Calderone, il più meridionale dei ghiacciai europei.

Situati sotto oltre 1400 metri di roccia ci sono i Laboratori Nazionali del Gran Sasso, di proprietà dell'Istituto Nazionale di Fisica Nucleare, uno dei laboratori scientifici sotterranei più grandi del mondo.

?

14.2 Di quale città abruzzese si tratta?

È un porto adriatico, ma anche fluviale, situato sul fiume che porta lo stesso nome della città. Qui nel 1863 nasce lo scrittore Gabriele D'Annunzio. Poeta, drammaturgo, giornalista, ma anche eroe di guerra, D'Annunzio ha un'eccentrica carriera politica. È dominatore del gusto letterario della sua epoca. La casa natale dello scrittore ospita ampie raccolte dedicate alla sua vita.

MOLISE
presente, imperfetto, passato remoto, passato prossimo

Il MOLISE è una regione dell'Italia meridionale che si trova fra l'Abruzzo, il Lazio, la Campania e la Puglia. Il suo capoluogo è la città di Campobasso. È la regione ultima nata in Italia: fino al 1963 il suo territorio era accorpato all'Abruzzo. Il Molise è, dopo la Valle d'Aosta, la regione italiana meno estesa.

Oltre la metà della superficie del Molise è occupata dalla montagna e il resto dalla collina. È una delle zone più sismiche di tutto il bacino mediterraneo. La regione si affaccia sull'Adriatico per un breve tratto di costa.

Il nome *Molise*, attestato a partire dal Medioevo, apparteneva da una famiglia normanna, che diede il nome al feudo. Queste terre furono sottomesse dai normanni nel 1092 e unificate nella contea del Molise, il più potente feudo continentale normanno. In seguito appartennero al Regno di Napoli.

È stata una terra isolata, tradizionalmente povera, priva di grandi centri abitati, fortemente caratterizzata dall'emigrazione fino agli anni Settanta del Novecento. La popolazione (circa 320 mila abitanti) oggi è inferiore di quasi centomila unità rispetto a quella dell'inizio del XX secolo.

L'economia era basata per secoli sull'agricoltura e pastorizia, entrata in crisi negli anni Cinquanta del Novecento. La produttività dell'agricoltura molisana è tra le più basse in Italia: la fertilità dei terreni è ridotta a causa del carattere montuoso del territorio e la scarsa irrigazione.

L'industrializzazione della regione ha trovato la sua espressione più significativa nella costruzione dello stabilimento FIAT a Termoli. Oggi le attività di punta riguardano i servizi, compreso il turismo. Per via della mancanza di grandi agglomerati urbani e della scarsità degli impianti industriali, la natura in Molise si è preservata meglio che in altre regioni e costituisce una potenziale attrattiva turistica, oltre che un fattore di accrescimento del livello di qualità della vita per la popolazione residente. Queste potenzialità sono comunque poco valorizzate, e le strutture alberghiere sono insufficienti. I redditi pro capite e i tassi di occupazione, pur superiori a quelli medi nel Mezzogiorno, si pongono al di sotto della media nazionale.

LO SAI?

Il termine *normanni* è usato per indicare i popoli germanici dell'area scandinava che nel periodo dal VIII al X secolo si insediano in Islanda, in Russia (dove sono chiamati *variaghi*), nelle isole britanniche e in Francia, nella regione chiamata poi *Normandia*. Nel XI secolo passano in Italia meridionale dove costituiscono vari domini.

?

15.1   Come viene chiamato un abitante del Molise? E quello di Campobasso?

CAMPOBASSO
presente, imperfetto

Campobasso oggi conta circa 50 mila abitanti. È formata da una parte di origine medioevale, sul pendio di un colle dominato dal castello Monforte, e da una parte più moderna che si sviluppa sul piano. Il borgo medioevale è costituito da vicoli e lunghe scalinate, ai lati delle quali sorgono case in pietra con cortiletti interni.

Le origini di Campobasso sono incerte. Sull'altura che domina la città era presente un insediamento di controllo dei sanniti, popolo dell'Italia antica, originari degli Appennini meridionali. Il Museo Sannitico raccoglie interessanti e preziosi reperti archeologici delle popolazioni italiche che abitavano questi territori.

Secondo le fonti storiche, la città nasce all'epoca della dominazione longobarda in Italia. Risale infatti all'anno 878 un documento in cui si fa menzione di Campobasso. Nel periodo longobardo e successivamente durante l'egemonia normanna Campobasso assume un'importanza economica sempre crescente riuscendo a diventare la "capitale" della contea sotto la signoria dei De Molisio.

CAMPANIA

CAMPANIA
presente

La CAMPANIA è una regione dell'Italia meridionale. Conta più di 5,5 milioni di residenti ed ha la più alta densità di popolazione tra le regioni italiane, con il valore più che doppio rispetto alla media italiana. È la seconda, dopo la Lombardia, per numero totale di abitanti. Il suo capoluogo è Napoli. Confina a nord-ovest con il Lazio, a nord col Molise, a nord-est con la Puglia e ad est con la Basilicata. A ovest è bagnata dal mar Tirreno.

Il termine *Campania*, usato in antichità a designare la fascia costiera tirrenica a sud del Lazio, cade in disuso nel Medioevo, pur conservandosi vivo nell'uso letterario, e viene ripreso nel XIX secolo con l'unità d'Italia come nome ufficiale di una regione.

La Campania è divisa nelle zone della fascia costiera, in pianura, e della montagna interna. A queste due fasce si aggiungono le splendide isole (Ischia, Procida, Capri). La popolazione si addensa lungo la fascia costiera, mentre le aree interne continuano a perdere abitanti.

Dalla fine dell'Ottocento la Campania è caratterizzata dai flussi di emigrati, diretti prima nel continente americano e, negli anni Cinquanta e Sessanta del XX secolo, verso le altre regioni italiane (Liguria, Lombardia, Piemonte, Lazio).

La bellezza dei paesaggi, i resti delle antiche città di Pompei ed Ercolano, l'importanza storica e artistica di Napoli attirano qui i turisti di tutto il mondo. Tra i luoghi di particolare interesse paesaggistico si possono citare Capri, Ischia (che è un grande polo termale), Procida, Sorrento, Amalfi, Ravello e Positano.

LO SAI?

Quali parole italiane suonano simili al nome della regione Campania? Prova a pensarci. Ti è venuta in mente la campana? Si tratta di una coincidenza o questa assonanza non è casuale?

La parola campana deriva da Campania: secondo gli studiosi, qui per la prima volta vengono realizzati vasi di bronzo di questa forma (*vasi campani*) che danno nome allo strumento. Non solo: qui la campana è per la prima volta usata per comunicare con i fedeli, introdotta con questi scopi da un magistrato romano, divenuto vescovo della zona, Paolino di Nola (località vicino a Napoli), nel 400 d.C. L'applicazione delle campane nella liturgia cristiana esiste già, ma san Paolino ne fa per primo l'uso per la comunicazione a distanza.

?

16.1 Qual è il nome antico di Napoli, con il quale la città viene spesso chiamata anche oggi?

16.2 Come viene chiamato un abitante della Campagna? E quello di Napoli?

NAPOLI
presente, condizionale passato, imperfetto

Napoli conta circa un milione di abitanti. È la maggiore città del Mezzogiorno d'Italia, situata sulla costa tirrenica dominata dal Vesuvio. È un grande porto e un importante centro turistico.

Secondo la leggenda, le origini della città si legano alla sorte della sirene Partenope che, affranta per l'astuzia di Ulisse sfuggito al richiamo del suo canto, si sarebbe suicidata. Il suo corpo trasportato dalle onde sarebbe poi approdato sugli scogli dell'isoletta di Megaride, dove oggi sorge il Castel dell'Ovo.

Secondo gli storici, la città è fondata dai greci nel 470 a.C. Dopo la caduta dell'Impero Romano la storia di questa terra è travagliata. Ducato autonomo sotto controllo del Bisanzio, cade nelle mani dei normanni nel 1137, quando viene fondato il Regno di Sicilia, con capitale Palermo. La città passa poi agli Svevi con Federico II, che nel 1224 vi istituisce l'università, una delle più antiche della penisola, e la prima statale. In seguito Napoli diventa la capitale del Regno Angioino,* è dominata dagli Aragonesi** e dagli Asburgo di Spagna. È tra maggiori capitali dell'Europa. Nel Settecento passa agli Asburgo di Vienna e infine ai Borbone di Spagna. Dal 1806 al 1815 è governata da Giuseppe Bonoparte e Gioacchino Murat. Nel 1815 torna ai Borbone come la capitale del Regno delle Due Sicilie (la parte meridionale della penisola appenninica veniva chiamata *Sicilia*). Nel 1860 il Regno delle Due Sicilie è annesso al Regno d'Italia, nonostante una guerra di resistenza durata circa un decennio e denominata *brigantaggio*.

Napoli è nota per i suoi castelli: il Castel dell'Ovo, parte integrante del famoso panorama del golfo; il Maschio Angioino, o Castel Nuovo, che domina Piazza Municipio; il Castel Sant'Elmo.

Il Castel dell'Ovo è così chiamato perché, come vuole la leggenda, tutta la struttura dell'edificio è retta da un uovo. Se l'uovo si rompe, il castello crolla e la città deve temere catastrofi.

Il Maschio Angioino è costruito da Carlo d'Angiò ed adibito a palazzo reale. Vi soggiornano, tra gli altri, Petrarca e Boccaccio. Dopo la conquista aragonese, il castello viene rinforzato e assume la conformazione attuale più vicina a quella di fortezza.

Il teatro San Carlo, inaugurato nel 1737, è il più vecchio teatro d'opera attivo oggi in Europa. Nel 1816 è restaurato in seguito a un incendio, e l'attuale facciata risale ad allora. Tra i direttori artistici del teatro si annoverano Gioacchino Rossini e Gaetano Donizetti.

Angioini – una delle dinastie degli Angiò, i sovrani di Napoli e Sicilia

**Aragonesi* – i membri della casa d'Aragona che regnano dal 1282 in Sicilia e dal 1442 su Napoli e Sicilia

?

16.3 Il castello costruito da Carlo d'Angiò si chiama *Maschio*. Quale significato ha in edilizia questo termine?

LA CITTÀ DI SAN GENNARO
presente, imperfetto

San Gennaro (il suo vero nome era *Ianuario*) è il santo patrono di Napoli. Nato in una nobile famiglia, diventa il vescovo. Nel 305, in seguito all'editto dell'imperatore Diocleziano che autorizza la persecuzione dei cristiani, Gennaro è decapitato. Il sangue sgorgato dalla sua testa viene raccolto e conservato in due ampolle. Nel 1389 comincia a bollire facendo gridare al miracolo. Da allora il miracolo avviene, senza alcun apparente intervento esterno, tre volte all'anno, in date che presentano una certa regolarità. Tra queste date vi è il 16 dicembre, anniversario del più famoso miracolo di san Gennaro, avvenuto nel 1631, quando i napoletani conducono la statua del santo al Ponte della Maddalena e la lava del Vesuvio in eruzione si ferma, salvando la città.

Il sangue può liquefarsi in pochi secondi, come pure può impiegarci ore e addirittura giorni. Se il miracolo non si ripete, è ritenuto un segno premonitore di terribili sventure.

Il cranio del santo e le ampolle che racchiudono il suo sangue sono custoditi nella cappella del Duomo di Napoli.

IL NAPOLETANO
presente, passato prossimo

Il napoletano è un dialetto campano; in effetti con questo termine ci si riferisce all'insieme delle varietà linguistiche parlate nell'Italia meridionale continentale che condividono una stessa origine, struttura e sintassi. Deriva dalla lingua latina, ma ha subito nella sua storia forti influenze dei vari popoli che hanno abitato o dominato l'Italia meridionale: normanni, francesi, spagnoli. Ha anche numerosi prestiti dal greco.

LO SAI?

I napoletani chiamano la loro città *Napule* e il loro dialetto *'o napulitano*.

?

16.4 Prova a tradurre il testo di questa famosa canzone dal napoletano all'italiano. Ci sono molte differenze tra le due lingue? La canzone *Funicolì funiculà* è dedicata alla funicolare che fa salire i turisti al cratere del Vesuvio.

FUNICULÌ FUNICULÀ

Aisséra, Nanninè', mme ne sagliette,
tu saje addó'...
Tu saje addó'...
Addó', 'sto core 'ngrato, cchiù dispiette
farme nun pò...
Farme nun pò!

Addó' lo ffuoco coce, ma si fuje,
te lassa stá...
Te lassa stá.
E nun te corre appriesso e nun te struje
sulo a guardá...
Sulo a guardá...

Jammo, jammo,
'ncoppa jammo ja'...
Funiculì – funiculà,
funiculì – funiculà...

IL VESUVIO
presente, condizionale presente

Il monte Vesuvio è un vulcano attivo, situato a dodici chilometri da Napoli. La prima eruzione storicamente accertata è quella del 79 d.C. (quella che distrugge Pompei, Ercolano e Stabia). Seguono altre eruzioni, l'ultima delle quali si ha nel 1944.

Dopo l'eruzione che distrugge Pompei, la forma del Vesuvio cambia: il materiale eruttato sfonda il precedente cratere. Un'ampia muraglia semicircolare che residua dell'antico vulcano prende il nome di Monte Somma. Una strada e una seggiovia portano fino all'orlo del cratere attuale. La base è percorsa dalla ferrovia circumvesuviana.

Abitare nei pressi del Vesuvio è potenzialmente pericoloso: questo vulcano è caratterizzato dalle eruzioni di una lava molto fluida. Un'eruzione potrebbe uccidere migliaia di persone in pochi minuti, soffocandole con i ceneri e i gas velenosi che uscirebbero dal cratere. Inoltre, questa area è considerata ad alto rischio dei terremoti. Ciononostante, le zone circostanti continuano ad essere intensamente abitate, perché i terreni attorno ai vulcani sono molto fertili.

?

16.5 Da dove derivano il nome *Vesuvio* e la parola *vulcano*?

LO SAI?

Nei pressi della città di Napoli c'è una vasta area di origine vulcanica, Campi Flegrei. La parola *flegrei* deriva dal greco e significa "ardenti". Nella zona sono tuttora presenti manifestazioni gassose. Gli oltre 50 centri eruttivi dei Campi Flegrei sono circondati dalle aree coltivate. Questo territorio fu sede di colonie greche e centri romani (Pozzuoli, Baia, Cuma, Miseno).

Campi Flegrei è anche il nome di un quartiere di Napoli.

LA CITTÀ DEGLI ARTISTI
presente, passato prossimo, futuro semplice

La tradizione teatrale e artistica di Napoli vanta molti grandi nomi. La maschera napoletana della Commedia dell'Arte è Pulcinella, un personaggio di umile rango sociale che grazie alla sua furbizia riesce in qualche modo ad averla sempre vinta. La maschera di Pulcinella è vestita di camiciotto e calzoni bianchi, con una caratteristica berretta e una mascherina nera sul volto terminante in un naso adunco. Un grande interprete di Pulcinella è stato Antonio Petito (1822–1876). Attore e commediografo, ha scritto per questa maschera molte farse.

Eduardo Scarpetta ha creato il personaggio di Felice Sciosciammocca (letteralmente "Felice soffia in bocca"). Con i figli dello Scarpetta, Eduardo De Filippo, Peppino De Filippo e Titina De Filippo, il teatro napoletano giungerà ai livelli di commedie quali *Napoli milionaria* e *Filomena Marturano*.

Totò è il nome d'arte di Antonio de Curtis, l'attore che ha conquistato tutto il mondo con la sua mimica ineguagliabile. Il comico è famoso prima di tutto come l'attore cinematografico, ma ha raccolto i suoi primi successi sulle scene teatrali.

?

16.6 Che significato ha il nome *Pulcinella* in questi contesti?

È il segreto di Pulcinella.

È un Pulcinella.

le nozze di Pulcinella

LA CANZONE NAPOLETANA
presente

La canzone napoletana gode del suo periodo di massimo splendore fra la seconda metà dell'Ottocento e la prima metà del Novecento, quando i maggiori musicisti e poeti locali compongono numerose canzoni. Gli strumenti classici della canzone napoletana sono mandolino e chitarra.

La differenza tra *musica popolare* e *canzone* è che per la prima ci si affida alla trasmissione orale, mentre la canzone vera e propria è legata al testo scritto e all'attribuzione ad uno o ad alcuni autori. Succede che gli autori "riprendono" qualche brano della tradizione popolare e ne fanno una canzone. La prima canzone napoletana non anonima sembra essere *Te voglio bene assaje*, scritta da Raffaele Sacco e la cui musica è attribuita a Gaetano Donizetti e datata 1835. Tanti compositori e cantanti partenopei creano il mito della canzone napoletana, che per maggior parte non è anonima. L'autore di *'O sole mio*, una delle canzoni più cantate al mondo, è Edoardo di Capua.

Tra i più celebri cantanti napoletani di tutti i tempi vi è Enrico Caruso (1873 – 1921), grande tenore che canta prevalentemente a New York dove incarna il mito della voce mediterranea, ardente e patetica.

Dagli anni Ottanta del Novecento numerosi cantanti ed autori compongono canzoni che in genere trattano storie d'amore ambientate nella Napoli moderna. Gigi D'Alessio e Nino D'Angelo sono i più famosi esponenti di questo genere.

?

16.7   Tamorre, caccavella, colascione, nacchere... Cosa sono?

16.8   Conosci qualcuna di queste celebri canzoni napoletane? Prova a tradurre in italiano i loro titoli:

Anema e Core

Core 'ngrato

Malafemmena

'O sole mio

'O surdato 'nnammurato

Te voglio bene assaje

Torna a Surriento

Tu vuo' fa' l'americano

LA PIZZA...
presente

Nessuno può dire con certezza quando nasce la pizza. Già nel Seicento esistono le pizze, anche se ancora non viene utilizzato il pomodoro. Si tratta infatti di una variante della focaccia. Una data importante nella storia della pizza è quella dell'invenzione della *margherita*, nel 1889, quando Umberto I di Savoia (re d'Italia, figlio di Vittorio Emanuele II), accompagnato dalla moglie Margherita, si reca a Napoli. Alla regina Margherita i pizzaioli napoletani dedicano la pizza con mozzarella e pomodoro, guarnita con le foglie di basilico fresco. È l'aggiunta del basilico che rende famosa questa pizza: ha i colori della bandiera italiana ed è il simbolo della unità del paese, raggiunta da poco.

Il viaggio della pizza per il mondo comincia quando le numerose colonie degli emigrati la portano con loro in America, dove la prima pizzeria apre nel 1895.

Gli ingredienti base della pizza sono pasta lievitata, pomodori e olio. Si aggiungono diversi prodotti che fanno parte della cucina mediterranea: le cipolle, il prosciutto, le verdure, i sottaceti, le acciughe, i funghi, le cozze... Le pizze presenti in ogni pizzeria napoletana sono: la margherita (pomodoro, mozzarella e basilico) e la quattro stagioni (divisa in quattro spicchi ognuno condito in modo diverso). La pizza con acciughe, chiamata in tutta l'Italia *napoletana*, a Napoli curiosamente viene chiamata *romana*.

Secondo le indagini, la pizza è al primo posto nelle preferenze gastronomiche degli italiani. Oltre alla classica pizza tonda, al piatto, che si gusta seduti in pizzeria, attualmente si sviluppa molto il settore della pizza d'asporto, definita *al taglio*, o *al trancio*, che si propone insieme a crocchette (polpette a base di riso o di patate), patatine fritte e bibite in lattina. Si diffonde sempre più anche la consegna della pizza a domicilio.

... E ALTRI PIATTI DELLA CUCINA NAPOLETANA
presente

Gli spaghetti a Napoli vengono spesso conditi con le vongole, in bianco o col pomodoro. Altra tradizione è quella del ragù, una salsa di lunga ed elaborata preparazione fatta con pomodoro e carne di vitello o di maiale, servita su pasta.

Celeberrima è la tradizione dolciaria napoletana. Tra le mille specialità la più nota è forse la *sfogliatella*: la pasta sfoglia con il ripieno di crema di ricotta, canditi e vaniglia. Vi è poi il *babà*, forse di origini polacche, dolcetto fatto con pasta morbida imbevuto di sciroppo a base di limone e rum. A Carnevale, infine, ci sono le chiacchiere, fritte e ricoperte di zucchero a velo.

?

16.9 Napoli non è soltanto musica e pizza, mare e sole...Purtroppo il nome della città evoca anche i fenomeni poco piacevoli, come la delinquenza e la mafia. Molte parole napolitane legate alla criminalità ormai fanno parte del lessico italiano. Le conosci?

scippare

guaglione

camorra

omertà

POMPEI
presente, imperfetto, passato prossimo, trapassato prossimo, congiuntivo presente

Nell'agosto del 79 d.C., durante la terribile eruzione del Vesuvio, la città romana di Pompei viene interamente coperta da una coltre di cenere. Insieme a Pompei l'eruzione del Vesuvio distrugge le città di Stabia ed Ercolano.

Nel Medioevo non si sa nulla dell'esistenza di Pompei. I lavori di scavo iniziano solo nel 1748 e riportano in luce strade e edifici che documentano la vita di una città romana nel suo pieno rigoglio commerciale e culturale. Gli scavi continuano ancora.

Pompei era un fiorente centro di traffici terrestri e marittimi. Qui sono stati trovati molti templi, un foro, una basilica, due teatri, un magnifico anfiteatro. Numerose statue, vasi, lampade sono stati recuperati. Molti scheletri sono conservati nell'esatta posizione in cui le persone erano state colte dalla pioggia delle ceneri. Si ha l'idea di riempire di gesso liquido le cavità di cui si avverte la presenza nello scavo: l'intuizione che tali cavità possano essere lo stampo di corpi si rivela esatta. I reperti (taluni celeberrimi, come il cane alla catena) restituiscono gli ultimi momenti di vita degli abitanti di Pompei.

In molte delle case il nome del proprietario è ancora leggibile sulle porte, e gli affreschi sui muri interni sono ancora in buono stato. Pompei offre una ricca documentazione di pittura parietale delle numerose case signorili e delle ville suburbane. La pittura a Pompei, anche se si tratta di una città provinciale, decora non solo gli edifici monumentali, ma anche le case di ogni ceto sociale e le botteghe. L'imponenza delle strutture architettoniche e la ricchezza della loro decorazione permettono di avere un'idea su come dovevano essere i quartieri residenziali di Roma, la capitale.

ISCHIA
presente, passato prossimo, passato remoto

L'aspetto più conosciuto dell'isola è senz'altro quello terapeutico: le innumerevoli sorgenti, dovute alle sue origini vulcaniche, ne fanno uno dei centri termali più importanti del mondo.

L'isola ha visto il passaggio di numerose civiltà, a cominciare da quella greca (fu la prima colonia greca in Italia). Molte testimonianze storiche, a causa di terremoti o eruzioni, con il tempo sono state sommerse dal mare. Ischia conserva, tuttavia, un vasto patrimonio artistico e culturale: nel famoso Castello Aragonese, nei musei e nelle numerose chiese.

?

16.10 A partire dal VIII secolo a.C., i coloni greci fondano le città lungo le coste dell'Italia meridionale e della Sicilia. Esse vengono assoggettate dai romani solo alla fine del III secolo a.C. Il loro ruolo per la diffusione della cultura greca in tutta la penisola è fondamentale.

In Campania le testimonianze più importanti della colonizzazione greca sono conservate in provincia di Salerno. Di quale antica città si tratta?

LA REGGIA E IL PARCO DI CASERTA
presente

La costruzione della reggia si deve alla volontà di Carlo III di Borbone, re di Napoli. Il sito in cui edificare un luogo di svago per la corte napoletana viene individuato seguendo la volontà di valorizzare le terre fino ad allora trascurate. L'incarico della progettazione è affidato a Luigi

Vanvitelli, architetto della Fabbrica di San Pietro e figlio del celebre pittore olandese Gaspard van Wittel.

Nel 1752 il cantiere prende avvio. Negli anni Sessanta del Settecento si portano a compimento i vestiboli, lo scalone e il teatro di corte, che riproduce lo schema del teatro San Carlo di Napoli. Dietro la reggia Luigi Vanvitelli progetta l'immenso parco. Lo sguardo dello spettatore è attirato dalla grandiosa *via d'acqua* che consiste di una serie di fontane poste lungo il pendio di un colle.

Il parco necessita di un considerevole afflusso d'acqua per alimentare le fontane e le cascate, oltre che per esigenze del palazzo. A questo scopo Vanvitelli progetta l'acquedotto. Elemento caratteristico di questa costruzione è il ponte che unisce due monti. Al momento della costruzione, nel 1759, costituisce con i suoi 529 metri il più lungo ponte d'Europa.

LO SAI?

La Campania vanta una forte tradizione agricola. Fiore all'occhiello della gastronomia campana è la mozzarella. È un formaggio tradizionalmente prodotto con il latte di bufala, ma nell'attuale produzione industriale anche con latte di vacca.

PUGLIA

PUGLIA
presente, passato prossimo, imperfetto

La PUGLIA è una regione dell'Italia meridionale, con capoluogo Bari. Confina a ovest col Molise, la Campania e la Basilicata, a sud è bagnata dal mar Ionio ed a est e nord dall'Adriatico. Include due penisole, il Gargano e la penisola salentina, il "tacco" dello stivale. È la regione più orientale d'Italia, il capo d'Otranto dista circa 80 km dalle coste dell'Albania. Fin dall'epoca romana la Puglia è "porta dell'Oriente", e anche oggi dai suoi porti adriatici (Bari, Brindisi, Taranto) partono le navi verso l'Albania, la Grecia e la Turchia, ma anche verso l'Estremo Oriente.

Il termine Puglia deriva dalla denominazione latina di Apulia. Nei primi secoli del Medioevo il termine cade in disuso, ma viene ripreso in età normanna e nel XII secolo indica l'Italia meridionale continentale in contrapposizione alla definizione Lombardia, che in quell'epoca è usata come sinonimo dell'Italia settentrionale.

Colonizzata dai greci e dai romani, viene integrata ai domini bizantini e diventa poi ducato sotto i normanni. Segue le vicende storiche del Regno di Napoli e delle Due Sicilie.

Il territorio è diviso tra il collinare e il pianeggiante, caratterizzato da vasti altopiani calcarei. Il Tavoliere è una grande pianura, la più estesa dell'Italia meridionale, che si affaccia al mare Adriatico a sud del Gargano con coste basse e sabbiose. Appartiene alla regione l'arcipelago delle isole Tremiti, composto da alcuni isole e scogli a nord del Gargano.

La Puglia si colloca ad un livello di sviluppo relativamente superiore a quello medio dell'Italia meridionale. Nonostante la scarsità d'acqua e la natura calcarea del suolo, il territorio pugliese è intensamente sfruttato da processi agricoli. Il settore agricolo conta il numero degli addetti fra i più alti del paese (10,2% della popolazione attiva). Nell'export di prodotti agricoli la Puglia è seconda in Italia, dopo l'Emilia-Romagna. È anche la prima regione italiana per la pesca.

La popolazione locale ha registrato una crescita costante, triplicando a partire dall'unità d'Italia. L'alto tasso di natalità è stato in grado di compensare un movimento migratorio molto intenso: solo nel periodo 1951–1981 circa 800 mila persone sono partite dalla Puglia in cerca di migliori occasioni di lavoro. Oggi la Puglia presenta una densità di popolazione superiore alla media italiana. Ma le campagne sembrano quasi spopolate. Gli abitanti si concentrano, infatti, in grandi nuclei, le *città contadine* pugliesi. L'origine di questo fenomeno è legata alla scarsità d'acqua che rendeva difficile l'insediamento di case sparse e alla natura di rapporti agrari di un tempo basati sulla grande proprietà coltivata da braccianti che, non essendo legati ad alcun appezzamento, risiedevano nei borghi.

?

17.1 Come viene chiamato un abitante di Puglia? E quello di Bari?

BARI
presente, passato remoto

Bari, che conta circa 315 mila abitanti, è situata quasi al centro della costa adriatica pugliese. La città è il principale porto dell'Adriatico meridionale e un fiorente centro commerciale, sede di alcune industrie e di un'università.

Con la caduta dell'Impero Romano d'Occidente la città passa attraverso varie dominazioni: goti, longobardi, bizantini, saraceni, normanni i quali nel 1156, in seguito ad una ribellione, la distruggono. Ricostruita da Federico II, passa poi agli Angioini e agli Aragonesi, sotto i quali conosce la floridezza economica.

Nel periodo bizantino Bari diventa un importante centro politico, militare e commerciale dell'Impero d'Oriente. Nel 1087 arrivano a Bari le ossa di san Nicola, patrono della città. Nel 1089 incomincia la costruzione della Basilica di San Nicola. La città diventa la meta di pellegrini da ogni parte del mondo.

Nicola di Bari (circa 270 – 352), vescovo di Mira (attualmente in Turchia), fu imprigionato sotto imperatore Diocleziano. Questo santo è venerato in molti paesi, e in particolare da credenti di religione ortodossa.

Nei paesi nordici è detto *Santa Claus* (da *Sanctus Nicolaus*) e la sua figura si confonde con Babbo Natale.

Alla fine del Cinquecento comincia la decadenza della città. Bari segue da allora in poi le vicende politiche del Regno di Napoli.

CASTEL DEL MONTE
presente, imperfetto

Castel del Monte è il più importante dei castelli eretti da Federico II di Svevia, re di Napoli dal 1208 al 1250 (e imperatore dal 1220). È così chiamato perché sorge su un'altura.

Usato come residenza della famiglia imperiale, a partire dal Settecento diventa ricovero dei briganti e pastori, finché nel 1876 è acquistato dallo stato italiano e restaurato. È un monumentale blocco di forma ottagonale, ai cui otto spigoli si appoggiano altrettante torri della stessa forma. Al centro del castello si apre il cortile. La costruzione è ispirata ai castelli visti dall'imperatore in Siria e in Palestina durante la crociata.

L'imperatore conosce varie lingue, si interessa di astronomia, di matematica, di scienze naturali. Fonda l'università di Napoli. È appassionato di letteratura e d'arte.

Alcuni studiosi trovano in Castel del Monte (come negli altri edifici collegati al imperatore) possibili significati simbolici. A confermare questa ipotesi è l'assenza di cucine, stalle, fossato, ponte levatoio e di altri elementi difensivi caratteristici dei castelli medievali. Questo significa che Castel del Monte non aveva funzioni civili o militari, ma era una sorta di tempio laico, realizzato tenendo conto, per esempio, delle ombre proiettate dal sole in alcuni giorni dell'anno, della numerologia e dell'astrologia. La forma ottagonale di Castel del Monte sembra riprodurre la corona imperiale (e senz'altro nelle intenzioni di Federico vi era la volontà di alludere ai significati allegorici connessi al numero otto). La maggior parte degli studiosi non dubita comunque che l'edificio è costruito come castello, cioè come struttura fortificata inserita nella rete di controllo del territorio, con funzioni residenziali e simboliche accessorie. E come prigione, una funzione tipica di un castello.

Castel del Monte

I TRULLI
presente, imperfetto, passato remoto

Il *trullo* è una tradizionale casa contadina, tipica di alcune zone della Puglia, di forma conica, costruita di pietra imbiancata. Il paese più famoso per i suoi trulli è la cittadina d'Alberobello.

Il nome di questa casa viene dal greco *trullos* (cupola). I trulli sono fatti di massi di pietra calcarea raccolti nei campi circostanti e rozzamente lavorati. Venivano coperti da calce per abbellire, ma anche per disinfettare: era l'unica difesa contro la peste, che in passato imperversava da queste parti.

Si dice che il conte Giovanni Acquaviva d'Aragona, cercando di creare un suo feudo, esortava i contadini a vivere all'interno dei suoi possedimenti. Il territorio doveva essere indipendente dalla corte di Napoli. Per mettere le autorità davanti al fatto compiuto, bisognava sfuggire alle ispezioni governative. Il conte ordinò l'impiego di pietre a secco vietando l'uso della malta. Le case dovevano poter essere smontate in breve tempo. Così, dietro l'apparenza primitiva di queste costruzioni si cela un'abile tecnica che sa fare a meno di leganti e strutture di sostegno.

Oggi il trullo non è più una povera casa contadina. Sono delle case costose, spesso acquisite dai compratori stranieri. Ne rimane oggi un migliaio, dichiarato dall'UNESCO "patrimonio dell'umanità".

Trulli

BASILICATA

BASILICATA
presente, passato prossimo, imperfetto

La BASILICATA è una regione dell'Italia meridionale con capoluogo Potenza. È bagnata a sud-est dal mar Ionio (golfo di Taranto) e a sud-ovest dal Tirreno. Confina a est con la Puglia, a ovest con la Campania e a sud con la Calabria. Se si esclude la stretta pianura costiera affacciata sul golfo di Taranto, la regione si presenta interamente montuosa con vette superiori anche ai 2000 m.

Il nome della Basilicata è di origine greca (da *basilikòs*, funzionario bizantino). La Basilicata è chiamata anche *Lucania*, dal nome dei lucani, antica popolazione italica, stanziata nella regione a partire dal V secolo a.C. Oggi questo nome rimanda al sistema montuoso (Appennino Lucano) che attraversa la Basilicata. Nel periodo dal 1932 al 1947 questa è stata denominazione ufficiale della regione.

Alla caduta dell'Impero Romano la Basilicata subisce diverse invasioni barbariche. Contesa tra bizantini e longobardi, viene poi conquistata dai normanni che fanno di Melfi la loro capitale (1130) e mutano il nome di *Lucania* in *Basilicata*. Passata sotto il dominio degli svevi, segue le sorti del Regno di Sicilia, poi di Napoli e in seguito di quello delle Due Sicilie.

Per tutta la sua storia è stata una regione isolata, priva di grandi centri urbani (all'unità d'Italia Potenza aveva solo 16 mila abitanti), con una grande maggioranza di popolazione agricola poverissima. Le condizioni di vita in queste zone nella prima metà del secolo XX sono state descritte nel famoso libro di Carlo Levi *Cristo si è fermato a Eboli* (1945). Carlo Levi, pittore e scrittore, è stato condannato al confino in Lucania per la sua opposizione al regime fascista. Descrive queste terre remote, poco fertili, infestate dalla malaria, popolate dai contadini analfabeti e superstiziosi.

Nel dopoguerra molte cose cambiano, ma la Basilicata rimane una delle regioni italiane più povere. Dopo la Valle d'Aosta è la regione meno densamente popolata d'Italia. Duramente colpita dall'emigrazione, la Basilicata ha una popolazione che non supera del 20% quella del 1861, mentre nello stesso periodo la popolazione complessiva dell'Italia è raddoppiata.

Le attività turistiche sono meno sviluppate che in altre zone del Sud, nonostante le attrattive naturali (Parco Nazionale del Pollino, litorale ionico e tirrenico) e artistiche (resti archeologici della colonizzazione greca, Sassi di Matera). Le strutture ricettive sufficienti esistono solo nel centro turistico-balneare di Maratea.

?

18.1 Come viene chiamato un abitante della Basilicata? E quello di Potenza?

LO SAI?

Col termine *Magna Grecia* (Megale Hellas), cioè "Grande Grecia", gli storiografi antichi indicavano parte dell'Italia meridionale, dal mar Ionio al Tirreno, costituita dalle attuali regioni della Campania, Calabria, Basilicata e Puglia, in cui si è compiuta, a partire dall'VIII secolo a.C., la colonizzazione greca in occidente. Probabilmente la Magna Grecia fu considerata grande dai greci non solo nel senso spaziale, ma anche tenendo conto dell'importanza di questa terra: grandi città, grandi aree in cui praticare l'agricoltura, grande potenziamento del commercio e progresso delle arti.

I SASSI DI MATERA
presente, passato prossimo

È l'esempio più rappresentativo e integro di insediamento trogloditico nell'area del Mediterraneo. Gli antichi rioni della città di Matera, i cosiddetti *Sassi*, sono aggregati di case scavate e murate con gli stessi materiali di scavo a ridosso di un profondo burrone, la *Gravina*. L'UNESCO ha dichiarato i Sassi "patrimonio dell'umanità": essi rappresentano un ecosistema urbano straordinario.

La "città della pietra" è abitata da migliaia d'anni. Anche oggi, dopo un periodo di abbandono, i Sassi sono una città abitata.

La discesa nei Sassi, in un'apparentemente caotica sovrapposizione di case, è una sorpresa continua. Tra viottoli si arriva in formidabili complessi monastici scavati nella roccia, benedettini e bizantini, in cui le celle di monaci si stringono intorno a una chiesa sotterranea.

I Sassi sembrano un set perfetto per fare un film storico: qui, tra gli altri, sono stati girati *La Passione di Cristo* di Mel Gibson e il *Vangelo secondo Matteo* di Pier Paolo Pasolini.

CALABRIA
presente, passato prossimo

La CALABRIA, anticamente *Brutium*, è una regione dell'Italia meridionale, la punta dello "stivale". Il suo capoluogo è la città di Catanzaro. È un territorio quasi completamente circondato dalle acque: è bagnata ad est dal mar Ionio e ad ovest dal mar Tirreno; a nord-est s'affaccia sul golfo di Taranto ed a nord confina con la Basilicata. A sud-ovest è separata dalla Sicilia dallo stretto di Messina. La distanza minima tra la Sicilia e la Calabria è di soli 3,2 km.

Nonostante la vicinanza alla Sicilia, la regione è stata per secoli una periferia isolata. Ancora oggi la Calabria presenta il più basso reddito pro capite d'Italia e anche il valore delle sue esportazioni – in gran parte prodotti agricoli – è all'ultimo posto. La rete urbana è debole e priva di un importante polo metropolitano. La Calabria meridionale gravita su Messina, la cui area urbana forma insieme a quella di Reggio la cosiddetta *conurbazione dello stretto*. Attualmente la situazione della regione si sta modificando, grazie anche allo sviluppo della rete dei trasporti e del turismo, favorito dalla ricchezza di ambienti naturali calabresi.

Le coste orientali della Calabria in antichità vengono colonizzate dai greci. Tra il VI ed il V secolo a.C. fioriscono su tutta la costa numerose ed importanti città tra cui le odierne Sibari, Crotone e Locri. Il nome *Calabria* designa in quell'epoca il Salento, cioè la parte dell'attuale Puglia. Nel VII secolo, durante la dominazione bizantina, il termine viene trasferito dal Salento al Bruzio. In età medioevale è divisa in *Citeriore* e *Ulteriore*, i termini, che restano in uso fino agli inizi del XX secolo.

La Calabria ha la popolazione più giovane d'Italia, dopo la Campania. Il numero degli abitanti ha avuto una crescita fino al 1951; successivamente, a causa di una migrazione verso l'Italia settentrionale, ma anche verso la Svizzera e la Germania, è diminuito. Dagli anni Settanta ha ripreso a crescere, anche se negli anni Novanta è continuato un certo flusso migratorio verso altre regioni italiane.

È una regione montuosa e questo da secoli caratterizza la sua vita. Qui in brevissimo tempo si può passare da ambienti tipicamente marini a fitti boschi di alta montagna. Storicamente la regione è più popolata all'interno e più dedita all'agricoltura, alla silvicoltura e alla pastorizia che non alle attività legate al mare.

?

19.1 Come viene chiamato un abitante della Calabria? E quelli di Catanzaro e di Reggio di Calabria?

Parlando degli abitanti della Calabria, si usa l'aggettivo *calabrese*, mentre la parola *càlabro* è frequente in alcune espressioni e come il primo elemento di parole composte: *il gruppo dialettale calabro-siciliano, le coste calabre*.

LO SAI?

L'Aspromonte, regione montana nel sud della Calabria, nel 1862 fu scenario di una famosa battaglia del Risorgimento. Garibaldi aveva raccolto i suoi volontari per dirigersi su Roma, mentre il governo dell'Italia appena unita temeva le conseguenze internazionali dell'impresa e non era favorevole all'azione militare per annettere lo Stato della Chiesa. In una sparatoria con le truppe regie, sette garibaldini furono uccisi e lo stesso Garibaldi fu ferito e fatto prigioniero. È tutt'ora possibile ammirare l'albero cavo in cui Garibaldi si sedette per essere curato, nei pressi della località sciistica di Gambarie.

CATANZARO
presente

Catanzaro conta circa 95 mila abitanti. È situata nel punto più stretto della regione, fra il golfo tirrenico di Sant'Eufemia e quello ionico di Squillace.

È fondata nel IX secolo, sotto il dominio bizantino. Sotto i Borbone è capitale della Calabria Ulteriore.

REGGIO DI CALABRIA
presente, passato prossimo

È un porto sullo stretto di Messina. Una città antica, fondata come colonia greca e distrutta da due terremoti, conserva poche tracce del passato. Dopo il terremoto del 1783 viene ricostruita modernamente nel periodo napoleonico, ma nel 1908 è devastata dal terremoto e dal maremoto che coinvolge anche Messina.

La città diventa molto popolosa grazie all'immigrazione dalla provincia. Attualmente conta circa 180 mila abitanti, superando notevolmente la popolazione di Catanzaro. Infatti, è stata capoluogo regionale della Calabria fino al 1970 ed è ancora sede del Consiglio Regionale. Lo spostamento della capitale, motivato tra l'altro dalla posizione periferica della città all'interno della regione, ha provocato la protesta dei cittadini.

LO SAI?

Tutte le attività economiche nella regione subiscono pesanti condizionamenti da parte della malavita organizzata. L'organizzazione criminale mafiosa che opera in Calabria è 'ndràngheta. Questa parola ha una forma tonica e grafica tipicamente dialettale e potrebbe derivare o dal calabrese gergale 'ndranghiti (malviventi), o da una forma greca andraghathìa (valore, coraggio, fortezza d'animo).

Anche se le sue origini affondano nei secoli, 'ndrangheta si è fatta parlare di sé solo nel secondo dopoguerra, specialmente dagli anni Settanta, per sequestri di persona, ricatti, commercio di droga. Attiva inizialmente in ambito rurale e pastorale, dagli anni Sessanta si è estesa alle zone urbane (specialmente a Reggio di Calabria), ramificandosi in diverse cosche (gruppi di mafiosi). La struttura interna di ogni cosca del 'ndrangheta poggia sui membri di un nucleo familiare legati tra loro da vincoli di sangue. Attualmente è considerata l'organizzazione mafiosa più potente e ricca d'Italia.

LO STRETTO DI MESSINA
presente, imperfetto

Lo stretto di Messina è un tratto di mare che collega il mar Ionio con il mar Tirreno separando la Sicilia dal continente. Nel tratto meno esteso è largo circa 3 km. In passato lo stretto di Messina veniva chiamato anche il *Faro di Messina*.

Attualmente si discute sull'opportunità di realizzare un collegamento stabile tra la Calabria e la Sicilia, ovvero il ponte sullo stretto di Messina. Il progetto della realizzazione del ponte, che implica grandi investimenti e un impatto ambientale non trascurabile, da anni è oggetto di polemiche.

?

19.2 La Calabria ha dato al mondo alcuni grandi filosofi, sia nei tempi antichi che nel periodo medioevale e rinascimentale. Leggi i testi che seguono: conosci questi filosofi calabresi?

Il nome di questo filosofo e matematico greco è legato al teorema secondo cui la somma dei quadrati costruiti sui cateti di un triangolo rettangolo è equivalente al quadrato costruito sull'ipotenusa. La sua filosofia ha dato un impulso alla matematica come scienza e ad una concezione razionalistica dell'universo, importantissima per lo sviluppo della civiltà europea.

Questo filosofo, uno dei maggiori del Rinascimento, passa molti anni della sua vita in carcere: nel 1599 è accusato di aver preparato una congiura contro la dominazione spagnola e rimane imprigionato per 27 anni a Napoli. Altri tre anni è sotto la sorveglianza di Sant'Uffizio a Roma; dal 1633 vive come esule in Francia. La sua opera più famosa s'intitola *La Città del Sole*.

SICILIA
presente, imperfetto, passato prossimo

La SICILIA è una regione dell'Italia meridionale con 5 milioni di abitanti, con capoluogo Palermo. È la più vasta regione d'Italia e la quarta per il numero degli abitanti (dopo Lombardia, Campania e Lazio).

È l'isola di maggiori dimensioni del Mediterraneo, separata dal continente e dall'Italia peninsulare dallo stretto su cui si affaccia la città di Messina. Il territorio della regione comprende le isole Pantelleria e Ustica e gli arcipelaghi tra cui quelli delle Eòlie, delle Ègadi e delle Pelagie.

La storia dell'isola conosce presenza di molte culture e dominazioni: greci, romani, bizantini, arabi, normanni. Dal 1946 è una regione a statuto speciale che gode di una larga autonomia amministrativa.

Di forma triangolare, l'isola ha nell'antichità il nome greco di *Trinakria*. All'antichità risalgono anche i termini *Sicilia*, derivato dal popolo dei siculi che abitava la parte orientale dell'isola, e *Sicania* (riferito alla parte occidentale, sede dei sicani).

L'isola è in prevalenza montuosa e collinare, percorsa dal prolungamento del sistema appenninico. L'Etna è l'apparato vulcanico più alto d'Europa. Elevata è la sismicità della regione. Nel corso del Novecento si sono verificati due catastrofici terremoti: a Messina nel 1908 e nella valle del fiume Belice nel 1968.

Le maggiori città si trovano sulla costa, soprattutto quella orientale favorita da più facili relazioni con il continente. Palermo e Catania dividono l'isola in due grandi aree di influenza.

La Sicilia viene chiamata *giardino del Mediterraneo* nonostante l'emergenza acqua che è molto grave nell'isola. Circa l'8% della popolazione attiva si dedica all'agricoltura: una forza lavorativa superiore alla media nazionale. È una delle prime regioni in Italia per la produzione di frumento, ma la resa, rispetto alla superficie coltivata, è inferiore a quella delle altre regioni, a causa della scarsità d'acqua e la mancanza di impianti di irrigazione adeguati. La Sicilia fornisce la metà del raccolto nazionale degli agrumi: aranci, limoni e mandarini. Non mancano neppure ortaggi, olive, frutta e fiori. Mandorle, nocciole e pistacchi sono, infine, alla base di molti prodotti dolciari caratteristici di questa terra. La coltivazione della vite consente la produzione di ottimi vini.

È anche fra le prime regioni pescherecce italiane. Si pescano soprattutto il pesce spada e il tonno.

L'attività estrattiva ha riguardato in passato lo zolfo. Dagli anni Cinquanta del XX secolo, però, la concorrenza degli Stati Uniti e Messico ha portato a un progressivo rallentamento e definitivo abbandono del settore. La scoperta di giacimenti petroliferi (1953), pur modesti, ha dato origine all'industria petrolchimica, facendo della regione uno dei poli mediterranei del settore, con impianti adibiti alla lavorazione del greggio di provenienza araba.

L'industria del turismo è un'attività in crescita, favorita dalla presenza sul territorio di numerosi siti archeologici e di bellezze naturali. Si tratta prima di tutto del turismo balneare che interessa le province di Messina, di Siracusa e di Catania.

Il tessuto imprenditoriale è carente, ostacolato anche dai continui interventi della criminalità organizzata. La disoccupazione è elevata (quasi un quarto della popolazione attiva).

?

20.1   Come viene chiamato un abitante della Sicilia? E quello di Palermo?

20.2   *Sicilianità* è la presenza dei tratti del carattere tradizionalmente peculiari dei siciliani. Ma quali sono questi tratti? Uno è il più famoso: di chi si dice *è un siciliano*?

Lo stemma della Sicilia, la *trinacria*.

LO SAI?

Nel periodo del dominio arabo (827 – 1085), in Sicilia vengono introdotte nuove coltivazioni quali l'arancio, la canna da zucchero, la palma da datteri, il cotone, il papiro e le industrie come quella della seta e della carta. Nel periodo normanno l'isola diventa il luogo di incontro tra cristianesimo e islam, tanto che i capolavori dell'architettura normanna sono caratterizzati dal retaggio islamico, principalmente dalle influenze magrebine. Oggi in italiano troviamo molte parole di origine araba (albicocca, carciofo, spinaci, zafferano e tante altre). Anche alcuni toponimi in Sicilia vengono dall'arabo. Così il nome della città di Marsala (che dà il nome anche al famoso vino) in arabo significa "porto di Dio".

Cattedrale di Palermo

PALERMO
presente

Palermo è fondata dai fenici con il nome di *Ziz* (fiore). Presto entra in contatto con navigatori e mercanti greci, da qui il nome *Panormos*, latinizzazione del greco "tutto porto".

Con la divisione dell'Impero Romano, la Sicilia, e con essa Palermo, vengono attribuiti all'Impero d'Oriente. La città è un importante centro commerciale sotto gli arabi che nel IX secolo invadono l'isola e un centro culturale sotto i normanni. In seguito, con dominazione angioina, aragonese e spagnola, la città decade. Soggetta ai Borbone dal XVIII secolo, diventa la loro residenza solo nel periodo napoleonico, quando i sovrani trovano rifugio sull'isola.

È la quinta città italiana per numero di abitanti (circa 675 mila). Il suo porto è il più importante dell'isola per il traffico merci e i collegamenti con Napoli, Cagliari, Genova, Livorno, Tunisi. La città possiede industrie varie e cantieri navali.

Palermo è ricca di monumenti e musei, alcuni dei quali risalgono al periodo normanno. Il Palazzo dei Normanni, oggi la sede del Parlamento Siciliano, è un'antica fortezza araba trasformata dai sovrani normanni in superbo palazzo reale. La Cattedrale conserva il sepolcro di Federico II. Qui sono custodite anche le reliquie di santa Rosalìa, patrona del capoluogo siciliano. Rosalia Sinibaldi, nata nel XII secolo da una famiglia nobile, rinuncia alla ricchezza e agli agi. Secondo la leggenda, la santa libera Palermo da una pestilenza.

Nei pressi della città sono da visitare il Duomo del XII secolo a Cefalù e il Duomo di Monreale in stile arabo-normanno-bizantino.

LO SAI?

L'albero di mandorla è introdotto in Sicilia con gli arabi intorno all'anno Mille. Il suo frutto diventa l'ingrediente principale dei pasticcieri che lo trasformano in confetti, biscotti, granite e frutta martorana (dal nome del convento palermitano dove è prodotta per la prima volta). Sono preparati con *pasta reale* che consiste di mandorle pestate e zucchero con l'aggiunta di bianco d'uovo montato e poca farina.

IL SICILIANO
presente, passato prossimo, trapassato prossimo

Oltre all'italiano, una parte della popolazione dell'isola parla anche la lingua siciliana, *u sicilianu*, usato anche in Calabria e in Puglia. Per questo motivo il siciliano qualche volta è chiamato *lingua calabro-sicula*.

Il siciliano è caratterizzato da un lessico ricco e vario che porta l'impronta della storia dell'isola: possiede i prestiti dal greco, arabo, normanno, catalano, francese, spagnolo. Il dialetto ha influenzato la prima lingua letteraria italiana. Questo è dovuto al prestigio in tutta la penisola della scuola poetica siciliana che si sviluppa all'inizio del XIII secolo attorno alla corte di Federico II di Svevia, re di Sicilia.

Nella lingua parlata oggi sulla penisola troviamo molte parole di origine siciliana o parole provenienti dalle altre lingue ma entrate a far parte dell'italiano tramite il siciliano. Parole entrate nella lingua letteraria italiana dalla tradizione siciliana o dal dialetto siciliano sono chiamate *sicilianismi*.

È presumibile che alcune delle seguenti parole passano all'italiano, in tempi antichi, anche attraverso il contributo del siciliano: arancia, azzurro (dal persiano); cotone, dogana, limone, magazzino, meschino, zafferano, zecca, zucchero (dall'arabo).

È curioso che la parola inglese *boss* entra in siciliano molto prima che in italiano. In siciliano *bossu* è largamente usato già nel secondo Ottocento, importato dagli immigrati che l'avevano appreso negli Stati Uniti. Nel lessico siciliano il termine, oltre al suo significato originario del "principale" comincia ad assumere il valore di "persona molto influente e ricca" e infine di "capomafia". Quest'ultimo significato è probabilmente passato dal siciliano in italiano e nelle altre lingue: adesso anche in italiano si parla di *boss della mafia*.

LA MAFIA
presente, passato prossimo

Anche la parola *mafia*, così come il fenomeno che questo nome definisce, è di origine siciliana. La mafia, una forza organizzata come potere alternativo economico e politico, affonda le sue radici nei secoli. L'epicentro è dapprima solo Palermo, per diffondersi nella Sicilia occidentale e, con l'emigrazione esterna e interna, in tutta l'Italia e negli Stati Uniti d'America. *Mafia* significa nel gergo palermitano "valentia, braveria".

La diffusione del termine *mafia* in tutta la Sicilia e in Italia è legata al successo di un'opera teatrale dialettale di G. Rizzotto, *I mafiusi della Vicarìa*, che raffigura le abitudini e la mentalità di un gruppo di reclusi del carcere palermitano della Vicaria, rappresentata nel 1863. In documenti ufficiali, il termine è presente per la prima volta in un rapporto del prefetto di Palermo, inviato nell'aprile del 1865 al ministro dell'Interno, per definire una "associazione malandrinesca".

Lo scrittore siciliano Leonardo Sciascia ha indagato il fenomeno della mafia in molte delle sue opere. Scrive, citando il più grande studioso delle tradizioni popolari siciliane, Giuseppe Pitré, che esiste "il sentire mafioso": una visione della vita, una regola di comportamento, un modo di realizzare la giustizia, di amministrarla, al di fuori delle leggi e degli organi dello Stato. Ma la mafia è anche un'altra cosa: un "sistema" che in Sicilia contiene e muove gli interessi economici e di potere di una classe che approssimativamente possiamo dire borghese; e non sorge nel "vuoto" dello Stato (cioè quando lo Stato, con le sue leggi e le sue funzioni, è debole) ma "dentro" lo Stato.

Mafioso, oltre al designare un aderente alla mafia, può significare una persona che ostenta una eccessiva eleganza o si comporta con altezzosità.

?

20.3 Non solo il termine *mafia*, ma anche definizioni di alcuni fenomeni ad essa legati, sono sicilianismi. Che significato hanno queste parole?

cosca

intrallazzo

lupara

picciotto

pizzo

20.4 Per fortuna, la Sicilia ha dato all'Italia, e anche alla lingua italiana, non solo la mafia. Che significato hanno le parole elencate sotto?

canestrato

cannolo

carpetta

cassata

CATANIA
presente, passato prossimo

Catania è situata sullo Ionio, alle falde dell'Etna. La città è un centro commerciale della più ricca zona agricola dell'isola. È fondata dai greci. Nonostante le catastrofi del XVII secolo (eruzione dell'Etna, terremoto), Catania conserva resti archeologici greci e romani (teatro, rovine delle terme), testimonianze medievali e numerosi edifici del Settecento.

A Catania nasce e passa una parte della sua vita Giovanni Verga, uno dei più grandi scrittori italiani.

La patrona della città è sant'Àgata, martirizzata nel 250 circa. È festeggiata il 5 febbraio: il busto della santa, interamente ricoperto di gioielli offerti dai suoi devoti, viene portato in processione per la città. Si narra che una donna ha coperto con il suo velo la santa durante il martirio con i carboni ardenti e il velo è rimasto intatto dalle fiamme: è il cosiddetto *Velo di sant'Agata*. È di colore rosso e nel corso dei secoli è stato più volte portato in processione come estremo rimedio per fermare la lava dell'Etna. Le *olivette di sant'Agata* sono piccoli dolci di pasta di mandorla colorati di verde e ricoperti di zucchero.

ACIREALE
presente, imperfetto

Acireale, una città in provincia di Catania, viene distrutta dal terremoto nel 1169. Ricostruita a poca distanza dall'abitato originario, è detta *reale* nel 1642, perché appartenente a Filippo IV di Spagna.

Il carnevale di Acireale è considerato il più bel carnevale della Sicilia. Nato per venerare san Sebastiano, il patrono, questo carnevale prevedeva una sfilata di carrozze addobbate dalle quali i nobili lanciavano confetti e altre leccornie verso la folla. Oggi sfilano invece grandi carri allegorici e carri infiorati, allestiti con largo uso di rami di mandorlo in fiore e migliaia di colorati garofani, piante di agrumi, figure di cartapesta e altre decorazioni.

?

20.5 Molte delle città siciliane sono di origine antica. Leggi questi racconti: sai dire di quali città si tratta?

Questa città si trova di fronte alla costa calabra alla quale è unita da traghetti. È un centro commerciale, portuale e culturale. Fondata dai greci nel VIII secolo a.C. col nome di *Zancle*, nel V secolo a.C. la città cambia nome in seguito all'invasione dei messeni, venuti dalla Messenia, una regione della Grecia. Assume ruolo portuale di primo piano con le crociate. Il Novecento è un secolo difficile per la città: distrutta dal terremoto del 1908, è devastata anche dai bombardamenti della Seconda guerra mondiale. Non lontano da qui si trova la stazione balneare di Taormina, una delle più fiorenti città della Magna Grecia, famosa per il suo antico teatro.

Fondata dai greci, la città è estesa in parte sull'isolotto di Ortigia, unito alla terraferma da un ponte. Diventa città egemone della Sicilia, influenzando anche l'Italia meridionale. Si afferma come un centro culturale (ospita poeti quali Pindaro ed Eschilio). È patria di Archimede, uno dei maggiori matematici della storia. Tra i monumenti importanti, il teatro greco, i resti del ginnasio, le Latomie (cave di pietra, dove in antichità erano condannati a lavorare delinquenti comuni e nemici politici). Del periodo cristiano la città conserva le catacombe, numerose chiese e palazzi. Oggi è un centro turistico ed industriale e un importante porto.

Situata nella Sicilia meridionale, anche questa città è fondata dai greci. Antica *Akragas* diventa in seguito fortezza araba con il nome di *Gergent* (da cui *Girgenti*, nome conservato fino al 1928). Gli scavi in determinate aree hanno riportato alla luce una città romana ed ellenistica. Di straordinario interesse artistico è la *valle dei templi*, templi greci del VI-V secolo. La città è famosa anche come il luogo natale di Luigi Pirandello, grande scrittore, premio Nobel 1934. Oggi è un centro commerciale e agricolo.

LA TERRA DEI VULCANI
presente, passato prossimo, imperfetto, congiuntivo imperfetto

Con i suoi 3323 metri di altezza, l'Etna è il vulcano attivo più alto d'Europa. Il vulcano è spesso chiamato anche *Mongibello* (da *mons* e *gebel*, termini latino il primo ed arabo il secondo, significanti entrambi "monte"). Le eruzioni regolari, spesso drammatiche, l'hanno reso protagonista della mitologia classica. Si credeva che Efesto, identificato a Roma con Vulcano, il dio greco del fuoco e della metallurgia e fabbro degli dei, avesse la sua fucina sotto l'Etna. Si supponeva anche che qui fosse situato Tartaro, il mondo dei morti. Secondo la tradizione, il filosofo greco Empèdocle si gettò nella voragine del vulcano (molti studiosi considerano questa leggenda priva di fondamenti storici).

Il vulcano si trova nella parte nordorientale dell'isola, presso la costa ionica. È la pietra lavica a caratterizzare chiese, portali, case rurali, pavimentazioni, castelli dei paesi etnei. La gente abita ai pendici del vulcano fino a circa 1000 metri, nonostante il pericolo, sfruttando la fertilità di queste terre. La lava dell'Etna è molto viscosa e scorre abbastanza lentamente. L'uomo ha quasi imparato a domare il vulcano che è costantemente monitorato: qualche volta si riesce a salvare i paesi dirottando il flusso lavico.

L'Etna non è l'unico vulcano siciliano attivo: nell'arcipelago delle Lìpari continuano la loro attività il Vulcano e lo Stròmboli. Il primo è in uno stadio di solfatara ed ha avuto l'ultima eruzione nel 1890; il secondo emette lava, praticamente in continuazione, che si riversa direttamente in mare: la cosiddetta *sciara del fuoco*. *Sciara* è un termine siciliano che designa un accumulo che si forma sulla superficie o ai lati delle colate laviche.

?

20.6   I fiumi siciliani sono a volte chiamati *fiumare*, una parola che designa i corsi d'acqua tipici dell'Italia meridionale. Come sono?

GLI SCRITTORI SICILIANI
presente

reflect

Giovanni Verga (1840 – 1922), scrittore catanese, è il massimo esponente del *verismo*, movimento letterario italiano dell'ultimo trentennio dell'Ottocento. La narrativa verista cerca di rispecchiare impersonalmente la realtà, mentre il narratore si limita a prendere atto degli eventi e studia l'ambiente che condiziona i personaggi. Questa corrente letteraria è particolarmente attenta ai problemi sociali del sud. Il verismo usa la lingua quotidiana invece di quella poetica o letteraria. La narrativa verghiana è caratterizzata da una profonda pietà per il destino dei poveri. Tra le opere più famose, i romanzi *I Malavoglia* e *Mastro don Gesualdo*.

È l'esponente del verismo anche un altro grande scrittore siciliano, Luigi Capuana (1839 – 1915), narratore e critico letterario, autore di novelle e romanzi.

Giuseppe Tomasi, duca di Palma e Montechiaro e principe di Lampedusa (1896 – 1957), deve la sua fama al romanzo *Il Gattopardo*. È una rappresentazione dell'aristocrazia siciliana del Risorgimento. All'inizio, il romanzo non è preso in considerazione dalle case editrici a cui è presentato e viene pubblicato solo nel 1958, dopo la morte dell'autore. Diventa popolarissimo, grazie anche alla riduzione cinematografica di L. Visconti (1963).

Luigi Pirandello (1867 – 1936) è uno dei più importanti scrittori e drammaturghi italiani, insignito del premio Nobel per la letteratura nel 1934.
Pirandello nasce a Girgenti, oggi Agrigento. Le sue opere sono influenzate dalla narrativa verista siciliana, soprattutto dalla lezione verghiana. L'attenzione dello scrittore si focalizza sulle discordanze tra l'essere e il parere. Il più celebre romanzo s'intitola *Il fu Mattia Pascal* e approfondisce il dramma dell'individuo isolato in una realtà che gli è estranea. Tanto che il protagonista, approfittando di una serie di coincidenze, decide di scomparire, di far finta di non esistere più.

Leonardo Sciascia (1921 – 1989), famoso scrittore e saggista, denuncia le piaghe della società siciliana e italiana, e in particolare la complicità tra governo e mafia.
Anche Sciascia nasce in provincia di Agrigento. Nel 1961 esce *Il giorno della civetta*, il primo di una serie dei romanzi gialli, in cui la narrazione prende forma di una inchiesta poliziesca.

?

20.7　Uno scrittore siciliano ha lasciato una celebre immagine dell'avarizia: sai dire da che opera è tratto questo brano?

Sicché quando gli dissero che era il tempo di lasciare la sua roba, per pensare all'anima, uscì nel cortile come un pazzo, barcollando, e andava ammazzando a colpi di bastone le sue anitre e i suoi tacchini, e strillava: "Roba mia, vientene con me!"

20.8　Di quale libro si tratta e chi è l'autore?

Questo libro parla «di cattolici che fanno politica» e a suo tempo suscitò le proteste delle gerarchie ecclesiastiche.
Il racconto, di genere poliziesco, è ambientato in un eremo che serve da albergo dove si effettuano esercizi spirituali. In questo luogo, durante il ritiro annuale di un gruppo di "potenti", tra i quali cardinali, uomini politici e industriali, si verifica una serie di inquietanti delitti.

SARDEGNA

SARDEGNA
presente, passato prossimo, imperfetto

La SARDEGNA è una regione autonoma a statuto speciale con 1,6 milioni di abitanti e con capoluogo Cagliari. È la seconda isola mediterranea (dopo la Sicilia) e per la sua notevole estensione costiera (poco meno di un quarto dell'intera estensione costiera dell'Italia) a lungo è stata considerata l'isola più grande del Mediterraneo. È bagnata ad est e a sud dal Tirreno, ad ovest dal mare di Sardegna, ed è separata dalla Corsica a nord da uno stretto passaggio chiamato le *bocche di Bonifacio*.

Le isole più importanti che fanno parte del territorio regionale sono: quelle dell'arcipelago della Maddalena, l'Asinara, San Pietro e Sant'Antioco.

Il termine *Sardegna* trae origine dal latino *Sardinia*, con cui l'isola era nota nell'antichità classica, derivato dal nome dei sardi, popolazione che la abitava.

L'isola ha forma approssimativa di quadrilatero; su ciascuno dei lati si apre un grande golfo. Il suo territorio è prevalentemente montuoso e collinare. Il massiccio montuoso maggiore si trova nella parte centro-orientale dell'isola: il Gennargentu, con la punta La Marmora che raggiunge 1834 m. La regione presenta il minor rischio sismico in Italia.

I fiumi hanno carattere torrentizio e molti sono sbarrati per formare laghi artificiali utilizzati per irrigare i campi. Nei mesi estivi la Sardegna è caratterizzata dalla mancanza di risorse idriche.

La storia della Sardegna ha radici lontane che partono dal neolitico. In particolare è interessante il periodo nuràgico (all'incirca dal 1600 a.C. al III secolo a.C.) che ha visto la comparsa in Sardegna di una peculiare civiltà, contraddistinta da grandi costruzioni megalitiche (i nuraghi), realizzate con blocchi di pietra che si reggono sfruttando la forza esercitata dal loro stesso peso.

La Sardegna conserva numerosi resti di epoche preromana, fenicia, romana, medievale e moderna. Nel 1718 l'isola passa ai Savoia e forma col Piemonte il Regno di Sardegna. Caratterizzata dal fenomeno del banditismo e da ripetuti moti popolari, al momento dell'unificazione l'isola porta un pesante retaggio di sottosviluppo.

Nella storia è stata fatta oggetto delle scorribande piratesche e tentativi di conquista che ne hanno accentuato il carattere di chiusura e di autonomismo. Nonostante l'insularità, ha, dunque, volto le spalle al mare costruendo una civiltà prevalentemente rurale. Conserva nelle tradizioni, negli stili di vita e nelle culture locali profonde caratteristiche di unicità e indipendenza che la distinguono abbastanza nettamente dal resto d'Italia.

L'attività economica più dinamica della regione è il turismo, prevalentemente balneare. L'isola è famosa per le sue località turistiche, tra cui possiamo ricordare la Costa Smeralda, le isole di La Maddalena e Caprera, la città catalana di Alghero. Nel suo complesso l'ambiente litoraneo sardo è il più spettacolare e meglio conservato in Italia.

L'industria sarda, inoltre, resta legata alla tradizionale lavorazione dei prodotti dell'allevamento ovino e caprino e dell'agricoltura. Le principali difficoltà del settore sono la carenza d'acqua e l'insufficienza dei trasporti (assenti le autostrade, la rete ferroviaria non è elettrificata). Il tasso di disoccupazione del 17% è doppio rispetto alla media nazionale.

La Sardegna è stata colpita meno delle altre regioni meridionali dalle grandi emigrazioni. Dotata di sole due città di media dimensione (Càgliari e Sàssari) e quasi spopolata nella montagna interna, è caratterizzata da una densità demografica piuttosto modesta (superiore soltanto a quella della Basilicata e della Valle d'Aosta) e da un tasso di mortalità significativamente più basso della media nazionale.

21.1   Come viene chiamato un abitante della Sardegna? E quelli di Cagliari e di Sassari?

LO SAI?

La Sardegna ha dato il nome al pesce, comunissimo nel Mediterraneo e attivamente pescato. *Sardina*, chiamata anche *sarda*, è ottima a mangiarsi fresca, ma alimenta anche una fiorente industria conserviera. Con allusione al pesce in scatolette, infatti, si dice: *star pigiati come le sardine*.

CAGLIARI
presente

Cagliari ha circa 160 mila abitanti. È situata nella zona meridionale della Sardegna, all'interno del golfo omonimo. È il maggiore centro economico e il principale porto dell'isola.

Dopo la caduta dell'Impero Romano, la città entra sotto l'occupazione dei vàndali e, in seguito, dei bizantini. Cagliari, come tutta la Sardegna, subisce secoli di incursioni saracene, contrastate con l'aiuto delle potenze navali di Pisa e Genova. La città entra nell'orbita dei pisani, che dal 1270 si insediano qui. Ancora oggi Cagliari conserva le opere difensive costruite dai pisani; l'attuale nome sardo della città, *Casteddu*, significa "castello". Sotto la dominazione aragonese la città torna ad essere la capitale della Sardegna riunificata, e diventa sede del viceré.

Nel 1720 Cagliari passa con tutta l'isola sotto il dominio sabaudo. L'età di riforme che segue vede un relativo rilancio della città, ma anche i piemontesi, come prima aragonesi, non sono ben tollerati.

IL SARDO
presente, imperfetto, passato prossimo

Il sardo (*sardu* in lingua sarda) è la più conservativa delle lingue romanze e, dunque, quella più simile al latino. Il sistema vocalico non distingue le vocali in aperte e chiuse, conserva le finali in -*u* e in -*s*.

In passato il sardo aveva diverse varianti. Oggi solo il dialetto parlato nel Logudoro, una regione montuosa della Sardegna nordoccidentale, può essere considerato rappresentativo del sardo: altre parlate sono fortemente italianizzate.

Nel 1997 la lingua sarda è stata riconosciuta con legge regionale come seconda lingua ufficiale della Regione autonoma della Sardegna, a fianco dell'italiano. Il sardo è parlato in quasi tutta l'isola, con l'eccezione della città di Alghero (dove è parlato un catalano arcaico), e nelle isole minori limitrofe.

NURAGHI
presente

Verso la fine del secondo millennio a.C. in Sardegna si diffonde un tipo di struttura difensiva, conosciuta con il nome di *nuraghe*, tanto particolare che non esiste nulla di simile in nessuna parte del mondo. Il termine *nuraghe* deriva da una radice che s'incontra anche in altri vocaboli della lingua sarda, quali *nura, nurra*, che significa "mucchio di pietre, tomba a cumulo di pietre, cavità".

I nuraghi sono presenti sull'isola in almeno 7000 esemplari. Rappresentano una torre con all'interno una camera circolare dalla volta ogivale. Alcune strutture hanno anche torri secondarie e cortili. Ci sono nuraghi costituiti da un corridoio su cui si aprono una o più celle. Attorno al nuraghe si sviluppa un villaggio di capanne circolari in pietra con copertura in legno e paglia, con al centro un focolare formato da pietre. Il nuraghe ha una funzione militare, di protezione di un villaggio.

È famoso il villaggio nuragico di Barùmini, in provincia di Cagliari.

Nuraghe

?

21.2 Quale scrittrice sarda, i cui romanzi ritraggono ambienti della Sardegna, nel 1926 ha ricevuto il premio Nobel per la letteratura?

CHIAVI

1.1

L'ipotesi più accreditata fa risalire questo nome alla parola *vitulus* (così nella lingua delle popolazioni dell'Italia meridionale si chiamava il bue). L'allevamento dei buoi era una caratteristica delle popolazioni italiche, in contrapposizione alle attività mercantili delle città della Grecia. Questo nome designava inizialmente le terre del sud della penisola italiana, per estendersi progressivamente su tutti i territori della penisola che venivano unificati sotto la dominazione romana.

1.2

... il bel paese
che Appenin parte, 'l mar circonda e l'Alpe...

È una famosa citazione dal *Canzoniere* di Francesco Petrarca. Ma anche Dante chiama l'Italia *il bel paese*:

Del bel paese là, dove 'l sì sona.

Dante, Inferno, XXXIII, 80

1.3
L'Italia conta circa 60 milioni di abitanti.

1.4
presidente; presidente; Senato; ministri; presidente del Consiglio

1.5
province; venti; speciale; capoluogo

1.6

L'origine dei nomi dei mari che bagnano la penisola italiana è legata alle denominazioni delle popolazioni antiche. *Liguri* sono un popolo in passato stanziato in Italia settentrionale, la patria degli *ioni* è la Grecia. I *tirreni* sono antichissimi abitanti dell'Italia centro-meridionale, meglio conosciuti come *etruschi*.

L'Adriatico, invece, secondo gli studiosi, prende il nome dalla piccola città veneta di Adria. All'epoca romana è un attivo porto sul mare. È curioso che attualmente la città di Adria non si trova più sulla costa, perché il mare si è ritirato. Secondo un'altra ipotesi, il mare deve il suo nome alla città abruzzese di Atri (in passato *Hadria*, o *Hatria*), anch'essa di antichissime origini.

1.7

Il *clima mediterraneo* è generalmente caratterizzato da inverni umidi ed estati calde e secche. L'*alimentazione mediterranea* è basata sulle coltivazioni caratteristiche della regione che sono: ulivo, vite e agrumi.

La *macchia mediterranea* è un tipo di boscaglia, costituito da arbusti e piccoli alberi, in prevalenza sempreverdi.

1.8

Bora è il vento di nord-est, secco e freddo, che soffia violentissimo lungo le coste dell'Adriatico settentrionale, mentre *tramontana*, chiamato anche *borea*, è il vento settentrionale.

Maestrale, il vento che spira da nord-ovest, è freddo e impetuoso. Questo vento è spesso chiamato anche il *vento di maestro*, in quanto il vento principale. In seguito, *maestro* è nome della direzione nord-ovest nella bussola e nella rosa dei venti. L'importanza di questo vento è testimoniata anche dalla frequenza con cui viene citato nelle opere letterarie. È famosa la citazione dalla poesia di Giosuè Carducci: *E sotto il maestrale Urla e biancheggia il mar.*

Scirocco che soffia dal Sahara e che giunge sulle coste francesi e italiane impregnato dell'umidità del Mediterraneo, nella rosa dei venti corrisponde alla designazione del sud-est.

1.9

Al nord la penisola italiana è circondata dalle *Alpi*, la cui massima cima è il Monte Bianco, considerato il "tetto d'Europa" (4807 metri circa). Un altro sistema montuoso, gli *Appennini*, o l'*Appennino*, attraversa tutta la penisola. L'altezza media di questi monti è inferiore a quella delle Alpi: la sua vetta più elevata, il Gran Sasso nell'Appennino abruzzese, raggiunge circa 2912 metri.

1.10

Le Dolomiti; il nome di questi gruppi montuosi è legato alla parola *dolomia* con la quale è definito il tipo di roccia di cui sono costituiti. Insieme al minerale chiamato *dolomite* (il componente principale di questa roccia) e alla cosiddetta *dolomitizzazione* (il processo di trasformazione delle rocce calcaree in dolomia), trae il nome dal geologo francese Dieudonné Dolomieu (1750 – 1801).

2.1
valdostano; aostano

2.2
Aggettivi:

Alpino significa delle Alpi, della montagna, montano. Si dice *paesaggio alpino*, *flora alpina*. Gli *alpini*, invece, sono soldati delle truppe di montagna addestrati alla vita e al combattimento ad alte quote o in clima rigido. Il *cappello alpino* ha una caratteristica penna nera.
Alpinistico significa relativo all'*alpinismo*, lo sport che ha come scopo la scalata delle montagne, praticato dagli *alpinisti*.
Alpestre – riconducibile alle Alpi, specialmente per le caratteristiche del paesaggio: quindi roccioso, aspro. Può significare anche rozzo, incolto, selvatico.

Nomi e i verbi:

Alpinismo è lo sport che ha come scopo la scalata delle montagne e delle pareti rocciose.
Alpeggio significa l'esercizio del pascolo in alta montagna, da fine maggio a metà settembre. *Alpeggiare*, dunque, vuol dire condurre il gregge all'alpeggio o stare all'alpeggio.

2.3
Baita – una piccola costruzione di legname che serve come dimora permanente o, più spesso, come un rifugio stagionale per i pastori nelle zone alpine più elevate.
Malga – pascolo estivo di alta montagna.
Maso – proprietà connessa con l'allevamento del bestiame, di solito podere con casa.
Mulattiera – sentiero di montagna percorribile da muli o altri animali da soma.
Ferrata (o *via ferrata*) – percorso alpinistico su roccia attrezzato con infissi diversi: funi metalliche, gradini di ferro, ecc.
Piccozza – attrezzo usato in alpinismo per incidere gradini in pareti ghiacciate, con manico di legno e testa d'acciaio.
Rampone – ciascuno dei ferri appuntiti che si applicano agli scarponi per le scalate su ghiaccio.
Slavina – lavina; frana di neve asciutta.
Grolla – coppa di legno con coperchio, tipica della Val d'Aosta.

Gerla – cesta a forma di cono rovesciato che si porta dietro le spalle, caratteristica dei paesi montani.

3.1
altoatesino; trentino; trentino; bolzanino

3.2
Tutte queste parole hanno il significato di *vàlico*, luogo che consente un agevole attraversamento di versanti. A seconda delle loro caratteristiche, i valichi di montagna possono essere chiamati con uno dei nomi elencati: per esempio *gola* è una valle stretta e profonda dalle pareti molto ripide, mentre *sella* indica un valico piuttosto largo.

4.1
friulano; giuliano; triestino

4.2
Aquileia, attualmente è una città di circa tremila abitanti. È una colonia romana importante per la sua collocazione sulle vie dirette ai Balcani. Nel V secolo viene distrutta da Attila, re degli unni, e risorge nel XI secolo. Tra gli avanzi romani ci sono mura, teatro, anfiteatro, foro e un grande mausoleo.

4.3
"L'ultima sigaretta" è l'allusione al romanzo *La coscienza di Zeno*. Il protagonista del romanzo lega l'inspiegabile male che lo affligge al vizio del fumo, dal quale non riesce però a rinunciare.

5.1
piemontese; torinese

5.2
Non siamo insensibili al grido di dolore – Questa frase (che suona completa con: *che da tanti parti d'Italia si leva verso di noi*) è pronunciata da Vittorio Emanuele II all'apertura del governo nel 1859. Il re allude alle speranze che gli italiani ancora sottomessi ai governi stranieri ripongono nel Piemonte. Si cita scherzosamente quando ci si rende conto di una situazione che richiede un nostro intervento.

Obbedisco – una famosa parola di Garibaldi. Si cita quando si è obbligati a eseguire un ordine che non si condivide.

Qui si fa l'Italia o si muore – questa frase viene attribuita a Garibaldi come risposta a chi gli consiglia di ritirarsi prima di una battaglia. Si ripete quando ci si rifiuta di ritirarsi da un'impresa o si vuole terminare a tutti i costi un lavoro iniziato.

Roma o morte! – grido di guerra dei garibaldini nei tentativi di marciare su Roma. Anche questa frase si cita quando si vuole ottenere qualcosa a tutti i costi.

S'è fatta l'Italia, ma non si fanno gli Italiani – parole di M. D'Azeglio, un grande uomo politico piemontese, nel suo libro autobiografico *I miei ricordi*, tra i più interessanti della memorialistica risorgimentale. D'Azeglio parla della necessita di educare politicamente e socialmente il popolo italiano. Anche oggi questa frase può essere ripetuta per constatare una carenza di coscienza civile.

5.3
Sabàudo: questo aggettivo deriva dall'antico nome della Savoia, *Sabaudia*.

5.4
Il testo dell'inno italiano, conosciuto anche come *Fratelli d'Italia*, è scritto nel 1847 da Goffredo Mameli; la musica è di poco successiva ed è composta da Michele Novaro. Goffredo Mameli, poeta e patriota italiano, scrive il *Canto degl'Italiani*, destinato a diventare l'inno nazionale, a soli 20 anni.
L'Inno di Mameli è dal 1946 l'inno nazionale italiano, in modo provvisorio. Solo nel 2005 il Senato approva una legge che lo rende ufficiale.

5.5
Napoleone; francese; verde; Vienna; Regno

5.6
Il termine *langa* in piemontese indica le colline dai profili morbidi.

5.7
Essere un grissino vuol dire essere molto magro.

6.1
lombardo; milanese o meneghino; bergamasco; bresciano; mantovano; cremonese

6.2
Il maggiore dei laghi italiani non è il Lago Maggiore, come si potrebbe pensare, ma il Lago di Garda (370 km²), mentre quello di Como è il più profondo. Il Lago Maggiore ha una superficie di 212 km², mentre la superficie del lago di Como è di 146 km² e la profondità massima è di 410 m.

6.3
Il Lago Maggiore è detto *Verbano*, il Lago di Como *Lario*, mentre il Lago di Garda viene chiamato *Benaco*.

6.4
Adelante, Pedro, con juicio – è una frase in spagnolo (in italiano sarebbe "Avanti, Pietro, con attenzione"). Nel romanzo *Promessi Sposi* è rivolta dal governatore di Milano al cocchiere mentre la carrozza attraversa la folla in tumulto. Si usa, dunque, per raccomandare rapidità e prudenza insieme.

Ai posteri l'ardua sentenza – l'ode *Cinque maggio* di Manzoni è dedicata a Napoleone appena morto. L'autore si astiene dal pronunciare il giudizio su questa imponente figura storica, lasciando il compito ai posteri. Si cita quando ci si sente troppo vicini a un avvenimento per poterne dare un giudizio obiettivo.

Carneade! Chi era costui? – Il filosofo greco Carnèade, vissuto nel II secolo a.C., è diventato il prototipo dello sconosciuto, dopo che Manzoni fa pronunciare questa frase a Don Abbondio, protagonista dei *Promessi Sposi*. Si dice scherzosamente *un Carneade* di persona ignota.

6.5
Dio me l'ha data, guai a chi me la tocca!

7.1
Il *doge* (in veneziano *doxe*, o *dose*) era il più alto magistrato e veniva eletto a vita dall'aristocrazia.

I dogi veneziani erano costretti per legge a passare il resto della loro vita all'interno del complesso del Palazzo Ducale e della basilica di San Marco.

7.2
Il patrono della città è san Marco, e l'emblema della città è il leone alato, simbolo del santo.

7.3
La frase (in veneziano *Paga Pantalon*) nasce probabilmente dopo il trattato di Campoformio (1797) che segna la fine dell'indipendenza della Repubblica di Venezia, ceduta da Napoleone all'Austria. Pantalone rappresenta in questo caso Venezia stessa. Oggi si cita non solo riferendosi a situazioni politiche, ma nei casi in cui qualcuno paga per tutti gli altri.

7.4
professionisti; improvvisazione; copione

7.5
veneto; veneziano; veronese; padovano; vicentino

7.6
Padova

7.7
vivere come un doge – vivere sontuosamente, avere una vita molto bella e agiata

casalinga di Treviso – una casalinga qualsiasi, ogni casalinga

vicentino mangiagatti – nomignolo tradizionalmente attribuito ai vicentini

baruffe chiozzotte – una lite buffa a parole, interminabile (*Baruffe chiozzotte*, il nome di una commedia di Carlo Goldoni, è diventato proverbiale.)

8.1
lìgure; genovese

8.2
Il faro di Genova viene chiamato *la Lanterna*.

8.3
Fare il genovese significa essere avaro (i genovesi sono considerati molto parsimoniosi).

8.4
Si tratta della coltivazione di fiori; qui si produce e si commercializza quasi l'80% della produzione del settore in Liguria e quasi la metà di quella italiana. La riviera ligure è chiamata *la riviera dei fiori*.

8.5
Eugenio Montale (1896 – 1981)

8.6
Italo Calvino (1923 –1985)

9.1
emiliano o romagnolo; bolognese; ferrarese; modenese; parmense (*chi abita il territorio circostante la città di Parma*), parmigiano (*l'abitante della città*); piacentino; ravennate; riminese; reggiano

9.2
Titano; l'italiano; l'euro; Marino; Rimini; Garibaldi

9.3
Ferrara

9.4
Ravenna

9.5
Rimini

9.6
Modena

9.7
Brindiam nei lieti calici – è un'interpretazione popolare del celebre brindisi dalla *Traviata*, che più esattamente suona *Libiam nei lieti calici*.
Cortigiani vil razza dannata – Rigoletto nell'opera omonima indirizza queste parole ai cortigiani che gli avevano rapito per beffa la figlia. Si

ripetono, scherzosamente, per bollare il comportamento servile di qualcuno che opera alle dipendenze di un altro.

Croce e delizia – queste parole tratte dalla *Traviata* (nell'opera *croce e delizia al cor* è una definizione d'amore) si ripetono, scherzosamente, riferendosi a qualcuno o a qualcosa che dà gioia ma anche preoccupazioni.

La donna è mobile – è un celeberrimo inizio della canzone del Duca di Mantova (Rigoletto). Il verso è divenuto un'accusa proverbiale dell'incostanza femminile.

Sì vendetta, tremenda vendetta – Rigoletto pronuncia questa frase quando decide di far uccidere il Duca di Mantova che gli ha disonorato la figlia. Si cita scoprendo che ci è stato fatto un torto e si vuole vendicarsi.

10.1
toscano, fiorentino, aretino, senese, livornese, lucchese, pisano

10.2
Il *giglio* è una diffusa figura araldica composta di tre petali; il giglio di Firenze è rosso in campo argenteo. Si dice che è il fiore stilizzato di giaggiolo (ирис) chiamato anche *Iris fiorentina*.

Il *Marzocco*, simbolo araldico di dominio fiorentino, è rappresentato da un leone seduto con la zampa destra alzata che sostiene lo scudo gigliato. Il nome probabilmente deriva dal latino *martius*, "di Marte". Una statua di Marte, antico protettore della città, era posta all'inizio del Ponte Vecchio; scomparsa nelle acque dell'alluvione del 1333, fu sostituita con leone di pietra.

10.3
Galeotto fu il libro e chi lo scrisse. – Galeotto significa "intermediario d'amore" (dal francese antico *Galehault*, personaggio di vari romanzi del ciclo brettone, che favorisce gli amori di Ginevra con Lancillotto). Il famoso verso dell'*Inferno* di Dante è tratto dall'episodio di Paolo e Francesca. Viene citata soprattutto la sua prima parte, spesso parafrasata (la parola *libro* può essere sostituita con ciò che o chi ha favorito l'incontro di due innamorati).

Io era tra color che son sospesi... – Nell'*Inferno* di Dante queste sono le parole di Virgilio che parla delle anime del limbo, privi di pena ma anche della visione di Dio. Il verso si cita nelle situazioni di incertezza.

Lasciate ogni speranza, voi ch'entrate! – Dante vede scritta questa frase sulla porta dell'Inferno. Viene citata quando si affronta una situazione rischiosa con scarse speranze di uscirne bene.

Ora incomincian le dolenti note... – Il poeta incomincia a sentire i lamenti delle anime dei lussuriosi: si cita quando una situazione comincia a farsi spiacevole.

Qui si parrà la tua nobilitate! – Dante rivolge queste parole a sé stesso nell'invocazione alle Muse (*Inferno*). Il verso si cita per commentare una prova difficile, ma alla quale non ci si può sottrarre se si vuol dimostrare le proprie capacità.

Senza infamia e senza lode. – Dante nell'*Inferno* si riferisce così agli ignavi, che si trovano nel vestibolo dell'Inferno, perché non fecero del male, ma non seppero neanche operare il bene: *che visser senza infamia e senza lodo*. Si cita riferendosi a qualcosa di mediocre.

Ahi serva Italia, di dolore ostello! – anche oggi, e non solo ai tempi danteschi, molte sono le occasioni in cui si compiange l'Italia e si cita il *Purgatorio*: *Ahi serva Italia, di dolore ostello, nave senza nocchiere in gran tempesta, non donna di province, ma bordello!*

10.4
San Gimignano, la città a 56 chilometri da Firenze. Era un importante punto di sosta e ristoro per i pellegrini che percorrevano la Via Francigena. Le famiglie patrizie costruirono circa 72 case a forma di torre, alte anche 50 metri, per esibire la loro ricchezza e il loro potere. Ne sono rimaste solo 14, ma San Gimignano ha conservato un'atmosfera particolare di un borgo medioevale.

10.5
Eppur si muove! (И все-таки она вертится!)

11.1
umbro; perugino; assisiate

11.2
Fare vita francescana significa essere molto semplici, di un'estrema sobrietà.

Andare con il cavallo di san Francesco vuol dire andare a piedi (*il cavallo di san Francesco* è il bastone su cui ci si appoggia camminando).

12.1
marchigiano; anconetano *o* anconitano; pescarese; urbinate

12.2
Urbino

12.3
Pesaro

13.1
laziale; romano

13.2
A Roma sono associati diversi simboli, tra cui la Lupa Capitolina. Secondo la leggenda, i due gemelli Romolo, il futuro fondatore di Roma, e Remo, appena nati, furono abbandonati in riva al Tevere, ma una lupa li nutrì col suo latte. La statua di Lupa è conservata nei Musei Capitolini e da qui trae il suo nome.

S.P.Q.R. è un acronimo per la frase latina *Senatus Populusque Romanus* (Il Senato e il Popolo Romano). La scritta veniva blasonata sugli stendardi delle legioni romane. Appare anche oggi sullo stemma della città di Roma.

13.3
Il nucleo urbano sorse sulle alture fiancheggianti il Tevere che collegava la città al mare, al porto di Ostia.

L'antico nome del fiume era *Albula* (in riferimento al colore chiaro delle sue acque). Il nome attuale deriva da quello del re latino Tiberino, il quale, secondo la tradizione, vi si sarebbe annegato.

13.4
Il Campidoglio è la sede del Comune di Roma. Il Quirinale (detto anche *il Colle*) è la residenza ufficiale del Presidente della Repubblica. Nel Palazzo del Viminale ha sede il Ministero dell'Interno. La Farnesina – il palazzo dove risiede il Ministero degli Esteri. Il Palazzo del Montecitorio ospita la Camera dei deputati, mentre il Palazzo Madama è la sede del Senato. Nel Palazzo Chigi lavora il governo.

13.5

Essere la bocca della verità vuol dire essere molto sincero. La *bocca della verità* è un antico disco di pietra con scolpita la maschera di una divinità fluviale. Secondo la credenza popolare, la bocca spalancata si chiudeva se vi infilava la mano una persona che diceva menzogne. Attualmente si trova in atrio della chiesa di Santa Maria in Cosmedin a Roma.

Abiti al Colosseo? – Si dice quando uno non chiude la porta dietro di sé.

I romani chiamano *il miglior gatto del Colosseo* la persona che fa la migliore figura in qualche situazione.

Andare a Roma e non vedere il papa – fare qualcosa tralasciando il suo aspetto più importante: per esempio visitare una città e non vedere il suo monumento più celebre.

Vivere da papa – vivere in agiatezza e tranquillità.

A ogni morte di papa – molto raramente.

Morto un papa, se ne fa un altro – nessuno è insostituibile (talvolta con una sfumatura amara).

Roma ha sempre avuto una popolazione caratterizzata da notevoli flussi migratori, così per tradizione un "vero" romano è uno la cui famiglia ha vissuto a Roma per almeno sette generazioni: questo è l'originale *romano de Roma*.

13.6

Secondo la tradizione, le oche sventarono con il loro schiamazzare l'assalto del popolo dei galli al Campidoglio.

13.7

Il colle Aventino fu la più antica sede della plebe, la parte del popolo romano di origini non nobili e priva di molti diritti. La plebe, secondo la tradizione, vi si sarebbe ritirata nel 494 a.C. per protesta contro i patrizi, i nobili. Per analogia si chiama *secessione dell'Aventino* l'astensione dai lavori parlamentari in segno di disapprovazione del governo Mussolini nel 1924, che segue l'assassinio di G. Matteotti, uomo politico che si oppone al fascismo. L'*aventinismo* è l'astensione dai lavori di un'assemblea, come dimostrazione della propria opposizione nei confronti della sua legittimità.

13.8

È tradizione che il nuovo papa scelga per sé un nuovo nome. Il primo papa a cambiare il suo nome di battesimo è, nel 533, papa Giovanni II che in realtà si chiama Mercurio e ritiene perciò inappropriato che il vescovo di Roma abbia il nome di una divinità pagana. Dopo di lui anche altri papi scelgono un nuovo nome, o perché hanno nomi sgradevoli, o perché stranieri. Nessuno vuole chiamarsi Pietro II come forma di rispetto per san Pietro. Alla fine cambiare il nome diventa una regola che ha tuttavia qualche eccezione.

13.9
Il latino *papa* è il prestito dal greco *pàpas* (un'antica parola usata per rivolgersi al genitore), affermatosi nel IV secolo come titolo di vescovi e patriarchi. Nel Medioevo diventa riservato al solo vescovo romano, capo della chiesa.
Il termine *pontefice* (dal latino *pontifex*) è più ufficiale e solenne. Veniva usato già per indicare sacerdoti della religione romana pagana, passato dal V secolo a titolo dei vescovi e riservato, dal XI secolo, al vescovo di Roma, capo della chiesa. A questo appellativo viene spesso aggiunto l'aggettivo *sommo* che significa "il più alto, il più elevato in una gerarchia".
Vicario significa rappresentante, chi sostituisce una persona di grado superiore. Il papa è vicario di Cristo in quanto il suo rappresentante in terra.

13.10
San Pietro in Vaticano (*il più grande tempio della cristianità*)
San Paolo Fuori le Mura
Santa Maria Maggiore
San Lorenzo Fuori le Mura
San Giovanni in Laterano (*sede della diocesi di Roma e centro spirituale dell'intera Chiesa cattolica*)

13.11
Il 21 aprile (secondo gli storici antichi, il giorno in cui è fondata la città) e il 29 giugno (i santi patroni, Pietro e Paolo).

14.1
abruzzese; aquilano

14.2
Pescara

15.1
molisano; campobassano

16.1
Oggi Napoli è spesso chiamata la *città partenopea* (dal *Parthenopeius*, il suo antico nome). La città è probabilmente di fondazione greca, e il suo nome attuale viene da *Néa-pólis*, città nuova.

16.2
campano; napoletano

16.3
Nei castelli medioevali il *maschio* è la torre principale, quella più imponente.

16.4
Ieri sera, Nannina, sono salito
tu sai dove...
Tu sai dove...
Dove, questo cuore ingrato, più dispetti
farmi non può...
Farmi non può!
Dove il fuoco cuoce, ma se scappi,
ti lascia stare...
Ti lascia stare.
E non ti corre dietro e non ti distrugge
solo a guardarlo...
Solo a guardarlo...
Andiamo, andiamo,
sopra andiamo, andiam...
Funiculì – funiculà,
funiculì – funiculà...

16.5
Nell'antichità il Vesuvio è ritenuto consacrato all'eroe semidio *Ercole*, e la città di *Ercolano*, alla sua base, prende da questi il nome, così come anche il vulcano, seppur indirettamente. Ercole infatti è ritenuto il figlio del dio Giove, uno dei nomi del quale è *Ves*. Così Ercole diventa *Vesuvios*, il figlio di Ves.

Anche la parola *vulcano* ha origini legate alla religiosità antica: viene dal *Vulcanus*, nome del dio romano del fuoco e dell'arte metallurgica. È anche il nome di una della isole Eolie nel mar Tirreno (dove si trovano tre vulcani, di cui uno, attivo, si chiama appunto *Vulcano*).

16.6
È il segreto di Pulcinella. – Una cosa nota a tutti; Pulcinella qui è simbolo di mancanza di riservatezza.
È un Pulcinella. – Pulcinella impersona in questo contesto ridicola incostanza.
Le nozze di Pulcinella. – Si tratta di farsesca e rovinosa confusione.

16.7
Tamburi (tamorre) e tamburelli, caccavella, colascione, nacchere sono gli strumenti musicali spesso utilizzati nella musica napoletana.

16.8
Anima e cuore; Cuore ingrato; Cattiva femmina; Il sole mio; L'innamorato perdutamente; Ti voglio molto bene; Torna a Sorrento; Tu vuoi far l'americano

16.9
scippare – In dialetto napoletano equivale a *strappare*, in italiano significa derubare col sistema dello *scippo*, furto che consiste nella sottrazione rapida in luogo pubblico di quanto portato a mano o al braccio.
guaglione – monello, ragazzo
camorra – è un'organizzazione criminale che sorge a Napoli alcuni secoli fa e con l'unità d'Italia amplia il proprio potere. Un'ipotesi lega l'origine di questa parola al napoletano *mmorra* (banda).
omertà – la solidarietà diretta a nascondere l'identità di chi ha commesso un reato. Questa parola è una forma napoletana per *umiltà* per la cieca sottomissione alle regole dell'*onorata società* della camorra (detta anche *società dell'umiltà*).

16.10
La città è conosciuta con il suo nome latino *Paestum*, mentre è fondata dai greci nel VII secolo a.C. con il nome di *Posidonia*. Divenuta colonia romana nel 273, nel V secolo è abbandonata. Oggi a Paestum si possono vedere le mura, probabilmente romane, tre templi, del V-VI secolo a.C., e la Tomba del Tuffatore, unico esempio noto di tomba dipinta del V secolo a.C..

17.1
pugliese; barese

18.1
basilicatese, lucano; potentino

19.1
calabrese; catanzarese; reggino

19.2
Pitàgora (570 – 490 a.C.)
Tommaso Campanella da Stilo (1568 – 1639)

20.1
siciliano; palermitano, panormita

20.2
Essere un siciliano significa essere molto geloso.

20.3
Cosca – una delle parole del gergo mafioso passate dal siciliano all'italiano per indicare un gruppo di mafiosi legati ad una persona o ad una famiglia (senso traslato della voce siciliana *cosca* – "costola" della foglia, poi la foglia stessa, per esempio di lattuga).
Intrallazzo – manovra resa possibile dal ricorso alla segretezza o all'illegalità (dal siciliano *'ntirlazzu*, o *'ntrallazzu* – viluppo, groviglio (клубок, сплетение).
Lupara – il fucile a canne corte usato per la caccia di lupi e cinghiali e, tradizionalmente, nelle esecuzioni fra membri della malavita siciliana. Viene chiamata *lupara bianca* eliminazione degli avversari tipica della mafia siciliana, consistente nel rapimento e nell'assassinio della persona il cui cadavere viene fatto sparire.
Picciotto – giovanotto, ragazzo. Questo termine inizia la sua penetrazione nell'italiano con l'impresa dei Mille di Garibaldi: vengono chiamati *picciotti* i componenti delle bande siciliane che si uniscono alla spedizione garibaldina. È anche il grado più basso della gerarchia di una cosca mafiosa. In siciliano *picciottu* significa "piccolo".
Pizzo – tangente estorta dalla malavita a negozianti e imprenditori, racket.

20.4
Canestrato è un tipo di formaggio, simile al pecorino. Il termine deriva dal fatto che esso si ripone in ceste di vimini chiamati *canestri*.

Il nome del *cannolo*, delizia della pasticceria siciliana, viene dalla parola siciliana *cannolu* che indica oggetti cilindrici cavi, nonché il rubinetto.

Carpetta è una cartella per fogli e documenti. Questo termine probabilmente è giunto nel siciliano nei secoli scorsi dallo spagnolo.

Cassata è un dolce siciliano con ricotta e frutta candita. In italiano *cassata* è anche il gelato con i canditi.

20.5
Messina

Siracusa

Agrigento

20.6
Fiumare sono i corsi d'acqua dal letto larghissimo e per gran parte dell'anno asciutto, tipici dell'Italia meridionale, dove la piovosità è scarsa.

20.7
Giovanni Verga, *La roba*

20.8
Leonardo Sciascia, *Todo modo*

21.1
sardo
(*Il termine sardegnòlo si usa con riferimento ad animali o usanze tipiche dell'isola; riferito a persona, il termine è ritenuto dai sardi offensivo e provocatorio.*)
cagliaritano; sassarese

21.2
Grazia Deledda (1871 – 1936), nata a Nuoro, l'autrice dei romanzi *Elias Portolu, Cenere, L'edera, Canne al vento*.

Made in the USA
Coppell, TX
17 January 2021